Anne Carminati | Jame.

111 Musées
à Paris
à ne pas
manquer

111

emons:

À mes deux filles, Olivia et Julianne, les amours de ma vie et mes plus grandes sources d'inspiration. *Anne Carminati*

À Michèle Marchadier, sans qui mes aventures parisiennes n'auraient jamais été possibles. *James Wesolowski*

© Emons Verlag GmbH
Tous droits réservés
Crédits couverture : shutterstock.com/anna42f
Conception couverture : Karolin Meinert
Crédits photographiques : © James Wesolowski, sauf voir page 233-234
Mise en page : Eva Kraskes, d'après un concept
de Lübbeke | Naumann | Thoben
Cartographie : altancicek.design, www.altancicek.de
d'après OpenStreetMap
Impression et façonnage : Grafisches Centrum Cuno, Calbe

Conformément à une jurisprudence constante (Toulouse 14. 01.1887),
les erreurs ou omissions involontaires qui auraient pu subsister
dans ce guide, malgré nos soins et les contrôles de l'équipe de rédaction,
ne sauraient engager la responsabilité de l'éditeur.

Achevé d'imprimer en 2024
Dépôt légal : avril 2024
ISBN : 978-3-7408-1048-1

Avant-propos

Ce guide sur les musées de Paris, imaginé par Anne et James, est une invitation à la découverte des trésors culturels de la ville. Anne, la Française, et James, l'Américain, ont écrit cet ouvrage de la manière qui leur correspondait le mieux, selon leurs connaissances et leurs centres d'intérêt. Née en France mais ayant vécu 20 ans à New York, Anne a développé une sensibilité artistique par le biais du dessin et de la peinture tout en explorant les musées. Aujourd'hui, elle vit à nouveau à Paris. James aime autant New York, où il a vécu aussi pendant 20 ans, que Paris, où il se considère comme chez lui. Dans ce guide, Anne s'est consacrée aux institutions dédiées aux Beaux-Arts ; quant à James, ce sont les musées plus petits, plus improbables, hors des sentiers battus qui ont retenu son attention.

Pour les Parisiens, il est de bon ton d'aller voir les dernières expositions. Nous les incitons cependant à aller découvrir ou revoir les collections permanentes des grands musées. Ils sont remplis d'histoires et de trésors qui rallumeront la flamme de leur curiosité. Ces collections représentent un héritage unique et emblématique de la France, enrichies par l'immense soin et la passion des équipes des musées, qui leur confèrent une particularité exceptionnelle. Pour les touristes, une visite de Paris inclut forcément les institutions phares. Mais pour profiter pleinement de tout ce que Paris a de meilleur à offrir, rendez-vous également à ces petites adresses confidentielles. Ils en apprendront beaucoup sur une histoire qui n'est pas la leur, une culture et des innovations purement françaises.

Ce guide est une fenêtre sur l'histoire parisienne à travers les arts, les modes et les styles de vie, offrant une perspective enrichissante et unique. Il est dédié aux uns comme aux autres : à chacun d'y trouver son bonheur, quelque chose qui saura l'émerveiller.

111 Musées

1 Les Archives nationales

La mémoire de la France

Le musée des Archives nationales est abrité au sein de deux hôtels particuliers qui furent construits et habités du XIVᵉ au XVIIIᵉ siècle par les familles de Guise et de Rohan-Soubise. Il s'agit non seulement d'un lieu d'exposition, mais aussi d'un lieu de conservation des archives publiques de l'Ancien Régime. L'entrée majestueuse est la plus vaste cour d'honneur de Paris. Le musée abrite des archives qui constituent la mémoire de la France, ainsi que de somptueux décors.

Créées pendant la Révolution française, les Archives nationales conservent les documents des régimes politiques à partir du VIIᵉ siècle. En 1808, Napoléon Iᵉʳ décida de les installer à l'hôtel de Soubise et lança un programme d'agrandissement des lieux pour accueillir leur nombre croissant. L'hôtel de Soubise ne conserve aujourd'hui que les documents de l'Ancien Régime, tandis que ses grands salons accueillent le musée ouvert au public. Au cours de la visite, on circule dans les pièces où sont présentés les plus importants documents retraçant l'histoire de France, comme l'édit de Nantes, signé par Henri IV en 1598, ou encore la dernière lettre de Marie-Antoinette, écrite lors de sa captivité. La sélection est partiellement renouvelée tous les 4 mois pour préserver les écrits. Les décors sont somptueux : on admire les salons décorés par Germain Boffrand dans le style rocaille et leur mobilier, la chambre à coucher de la princesse de Soubise, une salle de travail d'archiviste fidèlement reconstituée, ainsi qu'une des impressionnantes salles des Grands Dépôts.

L'armoire de fer, pièce maîtresse du musée, renferme l'ensemble des constitutions de la France, ainsi que des documents d'une inestimable valeur historique, dont la Déclaration des droits de l'homme et du citoyen. Elle n'est ouverte qu'en de rares occasions, notamment lors des Journées du patrimoine. Visite exceptionnelle à faire absolument !

Adresse 60 rue des Francs-Bourgeois, 75003 Paris, tél. 01 40 27 60 96, www.archives-nationales.culture.gouv.fr, infomusee.archivesnationales@culture.gouv.fr | Transports en commun Métro 1/11, arrêt Hôtel-de-Ville ; Métro 11, arrêt Rambuteau ; Bus 29/75, arrêt Archives-Haudriettes ou Archives-Rambuteau | Horaires d'ouverture Du lundi au vendredi, sauf le mardi, de 10 h à 17 h 30, le samedi et le dimanche de 14 h à 17 h 30 | À savoir N'oubliez pas d'aller flâner dans les extraordinaires jardins des Archives nationales. Du jardin à la française typique du XVIIIᵉ siècle au verger apprivoisé, en passant par le parc romantique du XIXᵉ, il y en a pour tous les goûts.

2 L'Atelier des Lumières
Art et musique à 360 degrés

Imaginez un instant que Vincent Van Gogh ait vécu au XXIe siècle : que serait devenue son œuvre ? Serait-il toujours un peintre traditionnel ou un créateur de contenu numérique ? Ces questions, vous vous les poserez sûrement lors de votre visite à l'Atelier des Lumières. Ce dernier occupe une ancienne fonderie de fer Plichon du XIXe siècle, tirant parti de son vaste espace. Avec des murs de 10 mètres de haut servant de toiles géantes et de grands espaces ouverts accueillant de nombreux visiteurs sans entraver les projections, il offre un cadre unique. Des structures circulaires et un bassin servent d'écrans insolites pour la projection d'œuvres d'art. Des expositions sont organisées une à deux fois par an et présentent souvent des reconstitutions d'œuvres d'artistes iconiques, comme Cézanne, Kandinsky, Dalí ou encore Klimt. Le spectacle est diffusé sous un format de 45 minutes de sons et d'images, associant les peintures de l'artiste à des genres musicaux variés, de la musique classique à la pop.

Les œuvres elles-mêmes ont été numérisées, et les différentes couches de peinture des tableaux sont souvent éclatées afin d'obtenir des paysages animés, des ciels changeants… Les enceintes et les vidéoprojecteurs sont soigneusement dissimulés dans les chevrons d'un plafond complètement noir, tandis que le moindre centimètre carré des murs et des sols (sans compter les visiteurs) se pare d'images mouvantes au rythme de la musique.

Parcourez l'atelier pendant la séance : l'expérience évolue selon vos déplacements dans la fonderie, que vous soyez assis par terre ou sur un banc, que vous pénétriez dans la pièce circulaire ou que vous contempliez la scène depuis la galerie. L'Atelier des Lumières propose une approche innovante pour découvrir – ou redécouvrir – les artistes célèbres sous un format interactif qui séduira les jeunes et les moins jeunes.

Adresse 38 rue Saint-Maur, 75011 Paris, tél. 01 80 98 46 00, www.atelier-lumieres.com, sav@culturespaces.com | Transports en commun Métro 3, arrêt Rue-Saint-Maur ; Métro 9, arrêt Saint-Ambroise ; Bus 46, arrêt Chemin-Vert ; Bus 69, arrêt Chemin-Vert-Parmentier | Horaires d'ouverture Voir sur le site internet pour les horaires saisonniers | À savoir À un pâté de maisons de là, près du square Maurice, on trouve Caméléon, un joli magasin local rempli de trouvailles anciennes, de créations originales et d'autres petits trésors.

3 Les ateliers-musée Chana Orloff

Des sculptures vivantes

Inaugurés de manière permanente en 2019 grâce aux efforts des petits-enfants de l'artiste, les ateliers-musée Chana Orloff se présentent comme un incontournable pour les passionnés d'architecture et d'histoire de l'art. Les ateliers sont installés dans la villa Seurat, une charmante impasse du 14ᵉ arrondissement qui abritait autrefois des maisons occupées par des artistes. C'est dans les années 20 que Chana Orloff, alors sculptrice reconnue, sollicita l'architecte Auguste Perret pour concevoir cet atelier-résidence, où géométrie, équilibre des volumes et jeu de lumière fusionnent pour offrir un espace de travail et d'exposition exceptionnel.

Dès l'entrée dans les ateliers, on est plongé dans l'intimité de l'artiste. Accueilli par sa petite-fille, on est saisi par la puissance évocatrice de ses sculptures. Née en Russie en 1888, Chana Orloff compte parmi les figures majeures de l'École de Paris. La pureté des lignes, la géométrie, la sensualité, la densité de ses œuvres tranchent cependant avec le parcours de sa vie, touchant et semé d'épreuves. Le destin de cette femme juive, artiste russe immigrée, installée en France, nous touche. Ses œuvres témoignent de son parcours et portent en elles son humanité.

Au début de sa carrière, elle commence par sculpter des portraits d'amis et de modèles de renom, tels que Guillaume Apollinaire, Amedeo Modigliani, Anaïs Nin et bien d'autres. Ses portraits, inspirés du cubisme et du primitivisme, sont sculptés en plâtre, en bois, en bronze ou en marbre. Mais son travail ne se résume pas à cela. Elle a abordé de nombreux thèmes, dont celui des femmes et des animaux qui lui ont été chers. Ses œuvres de jeunesse sont tout d'abord stylisées et lisses, puis laissent apparaître l'empreinte de ses doigts pour un style qui se veut toujours figuratif, mais plus abstrait. La collection rassemblée donne un aperçu complet de la diversité de son art.

Adresse 7 bis villa Seurat, 75014 Paris, tél. 06 60 92 22 17, www.chana-orloff.org | **Transports en commun** RER B, arrêt Denfert-Rochereau ; Métro 4, arrêt Alésia ; Bus 38/62/68/98, arrêt Alésia-Général-Leclerc | **Horaires d'ouverture** Du vendredi au dimanche sous forme de visite-conférence à réserver en ligne | **À savoir** Promenez-vous dans la villa Seurat pour découvrir une vingtaine de maisons-ateliers : artistes, peintres, architectes, sculpteurs, céramistes et écrivains avaient choisi de se regrouper en ce lieu.

4 La basilique de Saint-Denis

Le dernier lieu de repos de la royauté française

La basilique de Saint-Denis, située au nord de Paris, est le témoin d'un riche passé : elle héberge le tombeau de saint Denis, du IIIe siècle, et une crypte carolingienne de l'époque de Charlemagne. Dans la première moitié du XIIe siècle, l'abbé Suger a fait construire la façade et l'abside de la basilique dans un style gothique, novateur pour l'époque.

En plus d'être la première cathédrale gothique, le site a été un haut lieu des inhumations royales, à commencer par celle du roi Dagobert en 639. Entre le Xe et le XIXe siècle, tous les rois français, à l'exception de trois, furent enterrés à Saint-Denis. La nécropole recèle de magnifiques sculptures funéraires en pierre, dans lesquelles étaient placées les dépouilles et qui représentent le défunt en position allongée. Les effigies les plus anciennes sont des sculptures sommaires, tandis que les plus récentes ressemblent davantage à l'occupant, avec des traits plus précis. Les tombes de François Ier et de Louis XII sont particulièrement remarquables, tout comme celle d'Anne de Bretagne. Il est aussi intéressant d'observer la finesse des détails de la dentelle et du damassé sur les sculptures d'Henri II et de Catherine de Médicis. La Révolution française entraîna la destruction de plusieurs tombes et l'enlèvement de leurs dépouilles – ainsi, les tombes d'Henri IV, de Louis XIV et de Louis XV sont désormais vides. En 1814, les corps décapités de Louis XVI et de Marie-Antoinette furent récupérés du cimetière de la Madeleine et inhumés à nouveau dans la basilique. Leurs effigies monumentales dotées de bijoux précieux les montrent tels qu'ils devaient apparaître le jour de leur couronnement.

Les tombes royales se visitent depuis 1875. Aujourd'hui, il est possible de découvrir l'histoire de Saint-Denis, de l'architecture gothique et de la royauté française dans un seul lieu, aussi singulier que spectaculaire.

Adresse 1 rue de la Légion-d'Honneur, 93200 Saint-Denis, tél. 01 48 09 83 54,
www.saint-denis-basilique.fr, basilique-saint-denis@monuments-nationaux.fr | Transports
en commun Métro 13, arrêt Basilique-de-Saint-Denis ; Bus 153/253, arrêt Légion-
d'Honneur ; Bus 239, arrêt Médiathèque | Horaires d'ouverture D'octobre à mars, du lundi
au samedi de 10 h à 17 h 15, le dimanche de 12 h à 17 h 15 ; d'avril à septembre, du lundi au
samedi de 10 h à 18 h 15, le dimanche de 12 h à 18 h 15 | À savoir La chapelle expiatoire,
au 29 rue Pasquier, est dédiée à Louis XVI et à Marie-Antoinette et se trouve sur le site de
l'ancien cimetière de la Madeleine, où le couple a été enterré après son exécution en 1793.

5__ La BnF – Richelieu

Épicentre des manuscrits et des trésors nationaux

Après sa réouverture en 2022, le site Richelieu de la Bibliothèque nationale de France, niché au cœur du Marais, invite les visiteurs à explorer ses espaces rénovés, comme la grande salle de lecture, appelée « salle ovale », ainsi que des espaces dédiés à l'exposition permanente des trésors de l'institution. Implantée dans le palais Mazarin depuis le XVIIIe siècle, la BnF a toujours exposé ses collections, notamment dans son emblématique cabinet des médailles. Les six départements spécialisés ont collaboré pour présenter leurs richesses dans un espace unifié, mettant en scène des pièces comme le pendentif de Catherine de Médicis, les camées de Charles V et les trésors du duc de Luynes.

La visite culmine dans la galerie Mazarin. Les peintures du plafond, réalisées par Giovanni Francesco Romanelli, ont retrouvé leur splendeur d'origine. Conçue par l'architecte François Mansart entre 1644 et 1646, cette galerie abrite le Grand Camée de France (du Ier siècle), ainsi que des reliures en or des évangéliaires de la Sainte-Chapelle, commandités par le roi Saint Louis au XIIIe siècle. Chaque année, le musée se renouvelle en proposant des thématiques diverses, comme « Les révolutions » en 2023. Des œuvres d'astronomes, de philosophes, d'artistes et d'écrivains dépeignent les évolutions et les bouleversements de leur époque.

Certains manuscrits originaux, tels que *L'Assommoir* d'Émile Zola, la *Symphonie n° 9* de Beethoven ou encore *Les 120 Journées de Sodome* écrit par Donatien Alphonse François de Sade alors qu'il était emprisonné à la Bastille en 1785 (33 feuillets de 11,3 centimètres de large, collés bout à bout pour constituer une bande de 11,88 mètres, couverts recto verso d'une écriture microscopique), suscitent une émotion particulière. Les trésors de la BnF offrent un voyage à travers le temps, témoignant de la richesse du patrimoine culturel qu'elle conserve avec soin.

Adresse 5 rue Vivienne, 75002 Paris, tél. 01 53 79 59 59, www.bnf.fr/fr/richelieu | Transports en commun Métro 1, arrêt Palais-Royal ; Métro 3, arrêt Bourse ; Métro 7/14, arrêt Pyramides ; Bus 20/29/39/74/85, arrêt Bourse | Horaires d'ouverture Du mardi au dimanche de 10 h à 18 h | À savoir Découvrez le secret le mieux gardé de Paris : l'Opéra-Comique. Des visites permettent d'admirer ce lieu superbe et plein de charme empreint d'histoire et de culture parisiennes (01 70 23 01 31 ou billetterie@opera-comique.com).

6 La Bourse de Commerce
Point de vue d'un collectionneur d'art

Alliance parfaite entre patrimoine et création contemporaine, le majestueux bâtiment circulaire de la Bourse de Commerce, datant du XVIe siècle, a été méticuleusement restauré par l'architecte japonais Tadao Ando, lauréat du prix Pritzker. On ne peut être qu'émerveillé par la majesté du lieu : l'immense espace ouvert, la beauté de la fresque *Le Panorama du commerce*, qui représente une allégorie du monde et des échanges entre tous les continents, le sentiment de sérénité avec les jeux d'ombres et de lumières pénétrant par la verrière…

L'homme d'affaires François Pinault y a trouvé un écrin idéal pour exposer une partie des richesses de sa collection dédiée à l'art des années 60 à nos jours. Composée de plus de 10 000 œuvres de près de 380 artistes, la collection englobe des peintures, des sculptures, des vidéos, des photographies, des installations et des performances. Les artistes viennent de tous les continents et représentent plusieurs générations. Ils explorent les divers territoires de la création et témoignent de l'attention particulière portée par le collectionneur aux courants émergents. La Bourse de Commerce se distingue des autres établissements de la capitale : elle est le premier musée parisien consacré exclusivement à l'art contemporain issu d'une collection privée. Elle rejoint ainsi les rangs des musées vénitiens : le Palazzo Grassi et la Punta della Dogana, qui font également partie de la collection Pinault.

Les expositions à la Bourse de Commerce sont régulièrement renouvelées. Elle propose des accrochages temporaires, des expositions thématiques et monographiques. De plus, commandes et cartes blanches sont offertes pour des projets *in situ*, reflétant la volonté d'accompagner les artistes dans leur création. La collection de François Pinault propose un regard sur l'art de notre temps : le regard d'un passionné, un regard subjectif qui contribue à saisir notre époque.

Adresse 2 rue de Viarmes, 75001 Paris, tél. 01 55 04 60 60, www.pinaultcollection.com |
Transports en commun Métro 1, arrêt Louvre-Rivoli ; Métro 2, arrêt Les-Halles ;
Bus 74/85, arrêt Bourse-de-Commerce ; Bus 21/67, arrêt Louvre-Rivoli | Horaires
d'ouverture Du lundi au dimanche de 11 h à 19 h | À savoir La galerie Colbert, construite
en 1823, abrite l'Institut national d'histoire de l'art et l'Institut national du patrimoine. On
peut y admirer une magnifique coupole de verre.

7__ Les catacombes de Paris
Messages aux vivants de l'empire de la mort

Lorsque vous descendez sous la place Denfert-Rochereau pour pénétrer dans les catacombes de Paris, vous passez devant un panneau signalant : « Arrête ! C'est ici l'empire de la mort. »

Découvrez des tunnels étroits menant à une vaste collection d'ossements humains, arrangés avec un soin artistique étonnant. Vous serez peut-être captivé par ces visions macabres, vous laissant imaginer les vies de ceux dont les restes se trouvent désormais dans ces profondeurs. Bien que certains visiteurs cherchent l'endroit parfait pour un *selfie* avec le plus improbable des arrière-plans, l'élément le plus captivant et le plus effrayant demeure sans doute la signalétique. À la fin du XVIIIᵉ siècle, les cimetières de Paris étaient saturés. Un incident marquant fut l'effondrement des murs du cimetière des Innocents sous le poids des corps. Les catacombes, anciennes carrières souterraines d'où étaient extraites les pierres pour les constructions parisiennes, ont alors été utilisées pour reloger des millions d'ossements issus des cimetières de la ville. Les alcôves des catacombes furent remplies de squelettes, avec des arrangements osseux plus décoratifs formant les murs extérieurs. Généralement, une plaque en pierre indique l'origine et la date de transfert des os, à commencer par ceux des Innocents en 1785. Ouvertes au public au début du XIXᵉ siècle, les catacombes ont continué d'accueillir de nouveaux ossements pendant plusieurs décennies.

Pressentant peut-être la future popularité du lieu, des marqueurs d'identification ont été placés, accompagnés de citations, souvent en latin et en français, qui évoquent la fragilité de la condition humaine, l'inéluctabilité de la mort et la nécessité de mener une vie pieuse : « J'ai été ce que tu es. Tu seras ce que je suis », « Il est quelquefois plus avantageux de mourir que de vivre », « L'aiguillon de la mort c'est le péché », « Dieu n'est pas l'auteur de la mort », « C'est par la malice du démon que la mort est entrée dans le monde »…

OSSEMENS DU CIMETIERe
DU S'ESPRIT DÉPOSÉS
LE 7 NOVEMBRE 1804

Adresse 1 avenue du Colonel-Henri-Rol-Tanguy, 75014 Paris, www.catacombes.paris.fr |
Transports en commun RER B, arrêt Denfert-Rochereau ; Métro 4/6, arrêt Denfert-Rochereau ; Bus 38/59/68/88, arrêt Denfert-Rochereau | **Horaires d'ouverture** Du mardi au dimanche de 9 h 45 à 18 h 30 | **À savoir** La rue Daguerre, toute proche, est une rue piétonne avec de charmantes boutiques et des restaurants.

8_ Le Centquatre-Paris
Vivre l'art en spontané

Le Centquatre, établissement artistique de la Ville de Paris, situé dans un lieu atypique du 19e arrondissement, est unique en son genre. Ancien site des pompes funèbres, il s'étend sur 39 000 mètres carrés, témoignant de l'esprit avant-gardiste de sa démarche. Ouvert au public, cet espace est à la fois une résidence de création, de production et de diffusion pour les artistes du monde entier. Tous les arts actuels, de toutes sortes de disciplines, y trouvent leur place en permanence sous forme de résidence et d'une programmation éclectique, populaire et contemporaine. Une fois sur place, on est tenté d'y rester, de s'installer et de faire bien plus que de simplement voir une exposition.

L'idée de son directeur, José-Manuel Gonçalvès, est de fournir aux artistes les outils et les espaces tout en établissant une connexion avec le public. Les expositions organisées sont vivantes et ludiques. Elles génèrent des questionnements et incitent d'autres disciplines à participer à la réflexion : des projections, des conférences, des tables rondes peuvent s'y greffer pour une immersion complète. Il ne s'agit alors pas de manifestations traditionnelles. Si le visiteur vient voir une exposition, celle-ci va le conduire à découvrir autre chose. Sur place, on peut faire la connaissance d'artistes émergents issus de la jeune création qui présentent leurs œuvres ou leurs travaux. Ainsi, ils obtiennent en direct les réactions du public, et même de professionnels conviés afin de leur apporter un autre regard. C'est vivre l'art en spontané.

Le Centquatre est en accès libre et gratuit. Outre les manifestations, il est jalonné de boutiques et de restaurants et organise des activités à destination des enfants. De fait, les publics sont très variés, des jeunes aux moins jeunes, des néophytes aux professionnels. La force du Centquatre réside dans la diversité de son public, ce qui en fait un lieu si particulier.

Adresse 5 rue Curial, 75019 Paris, tél. 01 53 35 50 00, www.104.fr | Transports en commun Métro 7, arrêt Riquet ; Bus 54, arrêt Riquet | Horaires d'ouverture Du mardi au vendredi de 12 h à 19 h, le samedi et le dimanche de 11 h à 19 h | À savoir À quelques pas du Cent-quatre, le TLM est un lieu de vie et d'expérimentations créatives avec une grande terrasse : soirées *comedy club*, dimanches *niners party*, apéro-débats, etc.

9 Le centre Pompidou
Au cœur de l'art moderne et contemporain

Le centre Pompidou est immédiatement reconnaissable à son architecture flottante et ses tuyaux colorés. Son succès tient autant à la richesse de ses collections – plus de 120 000 œuvres – qu'à ses expositions temporaires qui couvrent l'intégralité des courants majeurs de l'art moderne et contemporain international. Il abrite également une bibliothèque de lecture publique et des salles de cinéma et de spectacle. Grâce à ses réserves importantes, le musée procède à un nouvel accrochage tous les 8 mois – l'occasion de découvrir des œuvres variées.

Que vous soyez ou non connaisseur en art moderne, les salles d'exposition vous entraînent dans un parcours reliant les deux collections permanentes du musée : art moderne et contemporain. Au niveau 5, intitulé « Collection moderne (1905-1950) », la présentation chronologique permet de comprendre l'évolution de la pensée artistique. Tout commence avec les fauves, qui présentent les premières distorsions avec la réalité. Progressivement, on se détache d'une représentation fidèle pour aller vers d'autres centres d'intérêt, comme la couleur et les formes. Les grands courants artistiques s'installent, bouleversant les propositions de regard sur la peinture. Des salles adjacentes complètent le parcours et mettent en lumière les galeristes ayant œuvré pour la reconnaissance des artistes de leur temps, avec des thématiques renouvelées régulièrement. Au niveau 4, « Collection contemporaine », tout est possible. De grands noms et des artistes émergents sont exposés. Inévitablement, certaines œuvres déclencheront incompréhension, interrogation ou émotion.

L'essence même de l'art contemporain est de rompre avec notre perception préconçue des choses pour éveiller en nous des questionnements, comme lorsque l'on découvre une salle remplie de feuilles de laurier séchées ou encore en déambulant dans une forêt d'écouteurs… Laissez-vous surprendre.

Adresse Place Georges-Pompidou, 75004 Paris, www.centrepompidou.fr | **Transports en commun** Métro 11, arrêt Rambuteau ; Métro 1/11, arrêt Hôtel-de-Ville ; Métro 1/4/7/11/14, arrêt Châtelet ; Bus 38/75, arrêt Centre-Georges-Pompidou | **Horaires d'ouverture** Du lundi au dimanche de 11 h à 21 h | **À savoir** À 4 minutes du centre Pompidou, on peut se détendre dans le jardin Anne-Frank, un petit îlot de verdure au 14P impasse Berthaud, dans le 3ᵉ arrondissement.

10 Choco-Story Paris
Le musée gourmand des délices cacaotés

À un moment au cours de la visite, peut-être quand on vous explique comment sont apparus les moules dans l'industrie, vous vous apercevrez que vous avez déjà mangé beaucoup trop de chocolat. Des distributeurs remplis de délices au lait, noir ou blanc sont placés dans des endroits stratégiques, tout au long du parcours de Choco-Story Paris, le musée du Chocolat, et font partie des plaisirs inattendus de ce sanctuaire de la gourmandise.

Le musée explore les origines et l'évolution du chocolat sur trois niveaux. Le premier porte sur la science du cacaotier et l'importance des fèves de cacao dans les cultures maya et aztèque, qui les ont transformées en délicieuses boissons accompagnées de maïs rôti et d'eau. Servant de boisson, mais aussi de monnaie d'échange, le cacao était alors considéré comme un « nectar divin ». Au début du XVIe siècle, l'Espagne se lança à la conquête de l'Amérique latine, et ramena le cacao en Europe, qui fut plus tard mélangé à du sucre pour créer la saveur que nous connaissons aujourd'hui. Au deuxième étage, vous voici initié aux étapes de la transformation du chocolat, à commencer par l'addition de sucre sous forme de copeaux faits à partir de pains solides de sucre de canne.

Vous suivrez ensuite l'évolution du chocolat comme boisson des cours royales européennes, jusqu'à sa consommation de masse aux XIXe et XXe siècles. Vous découvrirez des verres et des tasses en porcelaine fine et en argent, des moules anciens, des emballages et des supports de publicité du XXe siècle…

Pour les plus jeunes, le musée propose un résumé de chaque histoire par le biais de dioramas placés sur les murs à leur hauteur. Votre visite s'achève par une démonstration de préparation de truffes et la présentation de la plus grande tour Eiffel en chocolat que vous ayez jamais vue – et un estomac quelque peu surchargé, si vous n'êtes pas très vigilant.

Adresse 28 boulevard de Bonne-Nouvelle, 75010 Paris, tél. 01 42 29 68 60, www.museeduchocolat.fr, info@museeduchocolat.fr | Transports en commun Métro 8/9, arrêt Bonne-Nouvelle ; Bus 20/32/39, arrêt Poissonnière-Bonne-Nouvelle | Horaires d'ouverture Tous les jours de 10 h à 18 h | À savoir Dans la rue, on peut sentir le merveilleux arôme de chocolat émanant du magasin de production d'Alain Ducasse (40 rue de la Roquette).

11 La Cité de l'architecture

Le tour de France des édifices français

Visiter la Cité de l'architecture est une expérience surprenante. Cette collection, unique en son genre, réunit des moulages grandeur nature de sculptures, de fragments d'architecture et de maquettes, et propose un tour de France des plus beaux bâtiments et des plus belles constructions du Moyen Âge à nos jours. La cité occupe l'aile de Paris du palais de Chaillot, édifié pour l'Exposition universelle de 1878.

Dès l'entrée, la galerie des moulages surprend par sa majesté. Avec son enfilade de portails d'églises, ses tympans ouvragés et ses fragments variés, elle est une célébration du génie artistique. C'est ici que l'on comprend la démarche de Viollet-le-Duc, qui a eu l'idée de créer un musée de la sculpture comparée des monuments français afin de valoriser l'architecture médiévale. Pour ce faire, il lança une campagne de moulage à travers la France pour assembler dans un même lieu des éléments d'architecture à taille réelle. Cette collection a une valeur archéologique, puisqu'elle permet de réaliser des rénovations d'églises, de cathédrales ou d'abbayes endommagées, comme lors de l'incendie tragique de Notre-Dame de Paris. La Cité détient les maquettes de la charpente et de la flèche qui ont permis aux experts de se documenter pour sa restauration. Le second étage explore, quant à lui, l'évolution de l'architecture aux XIXe et XXe siècles. On peut y découvrir une maquette de la capitale montrant les percées haussmanniennes, ou encore la reconstitution à l'échelle d'un appartement de la Cité radieuse construite par Le Corbusier.

La Cité propose également une galerie de reproductions de peintures murales et de vitraux depuis l'époque romane jusqu'à l'aube de la Renaissance. Pénétrez dans la coupole de Cahors ou observez des cryptes inaccessibles à leur emplacement d'origine, telles que celle de l'église Saint-Nicolas, située à Tavant, dans le Centre-Val de Loire, du XIIe siècle. La visite est un magnifique voyage au cœur de l'architecture française.

Adresse 1 place du Trocadéro-et-du-11-Novembre, 75116 Paris, tél. 01 58 51 52 00,
www.citedelarchitecture.fr | Transports en commun Métro 6/9, arrêt Trocadéro ;
Bus 22/30/32/63, arrêt Trocadéro | Horaires d'ouverture Tous les jours, sauf le mardi, de
11 h à 19 h | À savoir Promenez-vous sur le parvis du palais de Chaillot, décoré de statues
en bronze doré datant de l'Exposition de 1937, qui mène à une terrasse avec une vue
imprenable sur la tour Eiffel.

12 La Cité de l'économie

Venez pour l'architecture, restez pour l'économie

À première vue, l'économie ne semble pas être un sujet passionnant pour un musée – tout du moins, jusqu'à la visite de la Cité de l'économie.

Ce sont en réalité trois parcours qui peuvent être empruntés, aussi passionnants les uns que les autres. La première visite est celle d'une demeure historique à l'architecture Renaissance. L'hôtel Gaillard a été construit par le banquier Émile Gaillard à la fin du XIXe siècle dans un style néo-Renaissance. Vous pourrez visiter les espaces privés, notamment une salle de bains dotée d'un immense coffre-fort. Chaque salle est décorée de boiseries ouvragées, de cheminées et d'éléments provenant de sa collection d'œuvres d'art. Vous accéderez aussi au salon dans lequel s'est déroulé un fameux bal costumé en 1885. À l'aide d'un casque de réalité virtuelle, il est possible de suivre le fantôme de Gaillard à travers sa maison, afin d'en apprendre davantage sur son amitié avec Frédéric Chopin.

Le deuxième parcours est consacré à l'économie et s'organise en une série d'expositions consacrées au commerce, aux devises, aux marchés, à la régulation ou encore aux crises. Grâce à des explications, à des jeux interactifs ou encore à des débats entre experts, chaque visiteur peut s'instruire de la manière qui lui convient le mieux.

Le dernier parcours vous plonge au début du XXe siècle, lorsque la demeure est devenue une branche commerciale de la Banque de France, équipée d'un guichet de banque de style Art déco. Après avoir fait semblant de passer à la banque, descendez le petit escalier en colimaçon orné à sa base d'une sculpture d'un Gaillard ailé fantaisiste pour vous retrouver à l'extérieur de la chambre forte, accessible par un pont-levis surplombant un fossé. Vous pourrez ensuite pénétrer dans l'immense coffre qui abrite des milliers de boîtes sécurisées et créer votre propre billet en euro à votre effigie.

Adresse 1 place du Général-Catroux, 75017 Paris, tél. 01 86 47 10 10, www.citeco.fr |
Transports en commun Métro 2, arrêt Monceau ; Métro 3, arrêt Malesherbes ; Bus 20/93,
arrêt Place-du-Général-Catroux ; Bus 30, arrêt Malesherbes-Courcelles | Horaires
d'ouverture Du mardi au vendredi de 14 h à 18 h, le samedi de 14 h à 19 h, le dimanche de
14 h à 18 h | À savoir Sur et autour de la place du Général-Catroux, vous trouverez plusieurs
monuments et bâtiments notoires, dont des statues d'Alexandre Dumas (père et fils) et de
Sarah Bernhardt (boulevard Malesherbes et avenue de Villiers).

13 La Cité des sciences et de l'industrie

Un monde d'exploration pour toute la famille

Voici un musée parfait pour les petits comme pour les grands. La Cité des sciences et de l'industrie invite à l'exploration, avec ses expositions permanentes et une sélection d'expositions temporaires tout au long de l'année. Que vous soyez intéressé par la technologie, l'astronomie, les transports ou la science, voilà le genre d'endroit que l'on peut visiter de multiples fois, sans jamais en avoir fait le tour.

Celui-ci est organisé sur plusieurs niveaux, à commencer par la Cité des enfants, avec deux zones dédiées respectivement aux tout petits qui découvrent leur place dans le monde et qui apprennent à interagir avec les autres, et aux enfants jusqu'à 12 ans, avec des activités plus avancées et autonomes. Vous êtes libre d'explorer et de vous laisser porter vers ce qui vous attire. C'est là que les adultes peuvent apprendre de nouvelles choses – ou tout du moins, rafraîchir certaines de leurs connaissances en matière de sciences ! En famille, on peut assister à un spectacle dans le planétarium, explorer les mystères du cerveau, tester ses capacités intellectuelles et s'informer sur les enjeux du réchauffement climatique ainsi qu'aux solutions possibles pour l'enrayer.

Découvrez ensuite le monde des satellites et de l'espace, la génétique, de multiples moyens de transport, puis visitez un ancien sous-marin de guerre. L'exposition dédiée aux mathématiques est parfaite pour illustrer l'objectif du musée : apprendre par l'expérience. Les jeux et les modèles rendent concrètes les règles de géométrie, de la loi du mouvement ou d'arithmétique. Vous pouvez jouer une partie de morpion en trois dimensions, deviner l'itinéraire des billes sur une planche de Galton, tremper une forme métallique dans de l'eau savonneuse pour découvrir le principe des surfaces minimales, apprendre ce qu'est le mouvement brownien… Incroyable ce que l'on peut apprendre en quelques heures de jeu !

Adresse 30 avenue Corentin-Cariou, 75019 Paris, tél. 01 85 53 99 74, www.cite-sciences.fr |
Transports en commun Tram 3b, arrêt Porte-de-la-Villette ; Métro 7, arrêt Porte-de-la-
Villette ; Bus 71/139/150/152, arrêt Porte-de-la-Villette | **Horaires d'ouverture** Du mardi
au samedi de 10 h à 18 h, le dimanche de 10 h à 19 h | **À savoir** Pour plus de découvertes
scientifiques, rendez-vous au palais de la Découverte, installé temporairement dans le parc
André-Citroën (186 rue Saint-Charles).

14 La Conciergerie

L'histoire fascinante d'un palais pas comme les autres

La Conciergerie est un lieu incontournable pour les amateurs d'histoire de France. Une fois entre ses murs, on ressent l'empreinte d'un lourd passé. Vestige du règne des Capétiens, ce palais gothique est l'un des plus beaux témoignages de l'architecture civile du XIVe siècle, dans lequel subsistent la salle des gardes, la salle des gens d'armes et les cuisines. Déserté par les rois de France au XIVe siècle, le bâtiment a vu se développer en son sein une importante activité judiciaire et l'aménagement de prisons. Sous la Révolution, il fut le siège du tribunal révolutionnaire, et ses geôles devinrent le symbole de la Terreur. De fait, Marie-Antoinette y fut incarcérée plus de 70 jours avant d'être menée à la guillotine.

Une visite immersive dans les salles médiévales est possible grâce à l'Histo Pad, une tablette qui est proposée gratuitement. On y découvre l'agencement des pièces comme à l'époque. La salle des gens d'armes, le plus grand vestige de salle civile médiévale d'Europe, fut édifiée entre 1302 et 1313 et servait de réfectoire au personnel employé au service du roi – jusqu'à 2 000 personnes pouvaient y manger. Les cuisines médiévales sont tout aussi spectaculaires, avec leurs immenses cheminées.

L'émotion est palpable en parcourant les salles dédiées à la période révolutionnaire : couloirs des prisonniers, bureau du concierge, salle de la toilette où les cheveux des condamnés étaient coupés, cachots. Lors de son incarcération, Marie-Antoinette fut enfermée dans une cellule obscure, où elle perdit progressivement la vue. On y retrouve ce qui reste d'elle : sa robe, ses chaussures. Un tableau émouvant d'Alexander Kucharski, portraitiste de la reine, dévoile une autre facette de cette figure historique emblématique : la personnalité publique et l'arbitre de l'élégance s'effacent derrière les souffrances de la femme. Son visage est blême et tendu, son regard noyé de tristesse. Une image empreinte de respect et de compassion.

Adresse 2 boulevard du Palais, 75001 Paris, tél. 01 53 40 60 80, www.paris-conciergerie.fr |
Transports en commun Métro 4, arrêt Cité ; Bus 21/38/47/58/96, arrêt Cité-Palais-de-
Justice | Horaires d'ouverture Du lundi au dimanche de 9 h 30 à 18 h | À savoir Visitez
également la Sainte-Chapelle, un joyau du gothique rayonnant. Réalisée en 7 ans, elle était
destinée à abriter les reliques de la chrétienté, dont la couronne d'épines du Christ, acquises
par Saint Louis.

15 La Crypte archéologique
Bienvenue à Lutèce

Sur la place Jean-II, en face de la cathédrale Notre-Dame, un petit escalier s'enfonce sous la ville, indiqué par le panneau : « Crypte archéologique. » C'est là que se cachent les véritables origines de la ville de Paris.

Bien avant que la capitale soit renommée Paris et que la cathédrale soit construite, l'île de la Cité était la terre d'accueil du peuple gaulois des Parisii, avant de devenir, au IVe siècle, la cité romaine de Lutèce. Lorsque les tribus germaniques commencèrent à envahir la Gaule, les villages situés sur la rive gauche, près de l'actuelle rue Soufflot et du boulevard Saint-Michel, furent abandonnés et les pierres du forum servirent à la construction d'un rempart sur l'île.

Faisons maintenant un bond dans le temps : Paris, 1965. Alors qu'un parking souterrain était en cours de construction en face de Notre-Dame, les travaux révélèrent une partie de la cité romaine qui s'étendait sur la quasi-totalité de la place actuelle. Le musée fut ouvert en 1980 et présente une grande partie des vestiges excavés de la cité, ainsi qu'un circuit de visite et des expositions temporaires. Les ruines révèlent l'histoire de la ville, à commencer par les fortifications du IVe siècle et les bains romains, avec leurs pièces d'eau chaude et d'eau froide. Des vestiges de murs, d'arches ou de colonnes indiquent les entrées de certains bâtiments. Si la plupart des recherches archéologiques ont été effectuées dans les années qui ont suivi la découverte de la crypte, des objets anciens, comme des pièces de monnaie lutéciennes, continuent d'être retrouvés.

La crypte illustre également le processus d'expansion des cités, principalement le long des rivières. La partie la plus ancienne des ruines est constituée de murs et de marches de quais romains datant du Ier siècle qui longeaient la Seine. On peut imaginer un bateau accoster le long du quai, qui venait approvisionner la cité en blé. Dix-neuf siècles plus tard, ce quai est situé à 55 mètres de la Seine.

Adresse 7 place Jean-II, 75004 Paris, tél. 01 55 42 50 10, www.crypte.paris.fr, carnavalet.actionculturelle@paris.fr | Transports en commun RER B/C, arrêt Saint-Michel-Notre-Dame ; Métro 4, arrêt Saint-Michel ; Bus 47/75, arrêt Cité-Parvis-Notre-Dame | Horaires d'ouverture Du mardi au dimanche de 10 h à 18 h | À savoir Sur la rive gauche, un important vestige de l'ancienne cité romaine est exposé au beau milieu d'un parc très passant : les arènes de Lutèce, au 49 rue Monge.

16 __ Dalí Paris
Donner un sens au surréalisme

Au cœur de Montmartre, le musée Dalí expose plus de 300 œuvres issues de la collection privée du galeriste et collectionneur Beniamino Levi, acquise auprès de Salvador Dalí et de collectionneurs. Ce fonds est le fruit de la rencontre entre Dalí, pilier du surréalisme, et Levi, qui devint l'éditeur exclusif de ses sculptures. On y trouve tableaux, sculptures, gravures, objets et mobilier surréalistes reflétant les idées éclectiques d'un insatiable explorateur, passionné par l'Antiquité et la Renaissance, mais également par la science atomique, l'alchimie et la religion.

Les œuvres de Dalí intriguent autant que sa personnalité. Dès la première salle du parcours, ses interviews captivent, révélant l'homme cultivé derrière la moustache légendaire. Son ami Levi déclara d'ailleurs à son propos : « Dalí, en privé, n'avait rien du bouffon […]. Il prenait un grand plaisir à s'exprimer en totale liberté et de façon surréaliste, avec un vocabulaire extraordinaire. » La visite du musée révèle des symboles présents dans toutes ses productions, des objets fétiches qui expriment un message récurrent. Dans ses œuvres, Dalí s'approprie un système symbolique qui traduit les obsessions issues de son inconscient, comme l'ange ou la béquille. Ses sculptures, un des aspects majeurs de son œuvre, matérialisent ses visions surréalistes : montres molles, animaux, échassiers, tiroirs… En 1931, il réalisa cette peinture devenue iconique, *La Persistance de la mémoire,* sur le thème du temps malléable. Ce dernier fut régulièrement interprété par Dalí et donna naissance, pendant la seconde moitié de sa carrière, à des sculptures que l'on peut admirer au musée. On apprécie également un parcours sur son usage des techniques de la cire pour réaliser ses sculptures, ainsi que des techniques de l'estampe pour ses gravures. Au musée Dalí, on découvre non seulement l'art, mais aussi l'esprit d'un génie surréaliste, offrant une immersion dans son monde captivant et étrange.

Adresse 11 rue Poulbot, 75018 Paris, tél. 01 42 64 40 10, www.daliparis.com | Transports en commun Métro 2, arrêt Anvers ; Métro 12, arrêt Abbesses ; Bus 40, arrêt Place-du-Tertre-Norvins | Horaires d'ouverture Du lundi au dimanche de 10 h à 18 h | À savoir Après la visite, passez par le 7 rue Becquerel, où Dalí a vécu. D'autres célébrités, comme Louise Michel, Nadja ou Paul Éluard, s'installèrent aussi dans cette toute petite rue.

17 __ Deyrolle

Toute la force et la fragilité de la nature

« Je n'ai jamais vu un loup de si près avant ! », s'exclame un petit gar-çon avant de courir vers la salle d'entomologie. Quelques instants plus tard, sa voix nous indique qu'il est tombé sur un scarabée ou peut-être sur des papillons morphos bleus. Ce sont ces instants de découverte qui attirent touristes et locaux dans cette institution du 6ᵉ arrondissement de Paris.

En outre, le propriétaire, Louis Albert de Broglie, implique égale-ment Deyrolle dans plusieurs de ses passions, notamment la conser-vation, la biodiversité et la pédagogie. Les projets comprennent le travail avec des écoles publiques pour enseigner aux enfants le chan-gement climatique et la gestion environnementale ou encore la col-laboration avec le gouvernement chinois pour créer un nouveau parc pour les pandas.

Retour rue du Bac : prenez l'escalier en colimaçon et vous accé-derez à une exposition fascinante de taxidermie, de présentations créatives d'insectes et d'affiches pédagogiques créées par Deyrolle. Le fabuleux décor du XIXᵉ siècle a été conservé et les salles sont remplies du sol au plafond de mammifères, d'oiseaux et de crustacés. À l'entrée, vous êtes accueilli par un lion et une girafe, puis une anti-lope et une biche vous attendent dans les couloirs, tandis qu'un paon et qu'une poignée de papillons se battent pour le titre de la robe la plus chatoyante.

Les animaux exposés sont pour la plupart morts de cause naturelle. L'un d'entre eux suscite beaucoup d'émotion chez les visiteurs – et c'est aussi le favori du directeur – : un imposant taureau noir, dont on peut encore voir le marquage sur le flanc. Mort d'un problème car-diaque, l'animal a maintenant une boîte miroir abritant des papillons jaunes à la place du cœur. Pour Deyrolle, cette mise en scène symbo-lise à la fois la force et la fragilité de la vie. Les plus puissants peuvent finir à terre, alors que les plus fragiles peuvent survivre.

Adresse 46 rue du Bac, 75007 Paris, tél. 01 42 22 30 07, www.deyrolle.com, contact@deyrolle.fr | **Transports en commun** Métro 12, arrêt Rue-du-Bac ; Bus 63/68/69, arrêt Rue-du-Bac | **Horaires d'ouverture** Du lundi au dimanche de 10 h à 19 h | **À savoir** La galerie Maeght, située à quelques encablures de la maison Deyrolle, présente et vend une large collection d'art contemporain et moderne, majoritairement français et espagnol. Joan Miró y est particulièrement bien représenté.

18__Les égouts de Paris
La ville sous la ville

Le musée le plus inattendu de Paris est aussi l'un des plus fascinants… et odorants. Situé sur un lieu de collecte le long de la Seine, le musée des Égouts de Paris est une expérience à vivre. À partir de cet endroit, le réseau d'égouts continue son chemin vers une station d'épuration hors de la capitale. Vous aurez l'opportunité de descendre sous la rue pour découvrir la ville sous la ville.

Le système d'égouts fait partie des nombreuses transformations du Paris du XIXᵉ siècle, qui ont donné naissance au plan actuel des rues, qui ont permis l'introduction du gaz et de l'électricité et qui ont entraîné la construction des immeubles haussmanniens. Tout comme des routes classiques, le parcours souterrain comprend des « rues » et suit la même signalisation que leurs voies terrestres. Vous comprendrez comment les tuyaux acheminent les eaux usées et les eaux pluviales. De petits canaux, les « élémentaires », se jettent dans des canaux plus grands, les « collecteurs », puis s'acheminent vers des voies d'assainissement, les « émissaires ». Paris utilise ce réseau pour installer des conduites d'eau, des câbles et d'autres infrastructures.

Le musée est aussi intégré à un égout actif. Ses galeries ont été érigées directement au-dessus et autour des canaux d'évacuation. Vous les verrez, percevrez leur humidité, et sentirez l'odeur de leur contenu. Le musée met également en lumière le travail des égoutiers et l'équipement utilisé à travers des vidéos et diverses expositions. Les Parisiens visitent les égouts depuis des décennies. Il a même été possible, à une certaine époque, de se balader sur les canaux à bord de petits bateaux. Aujourd'hui, les visiteurs sont un peu moins plongés dans l'action. On n'y croise d'ailleurs pas que des humains : un crocodile du Nil, nommé Éléonore, a été sorti des tunnels en 1984 et a vécu ensuite dans un zoo. Si vous cherchez bien, vous trouverez sa caricature sur l'un des murs du musée.

Adresse Pont de l'Alma, 75007 Paris, tél. 01 53 68 27 81, musee-egouts.paris.fr |
Transports en commun RER C, arrêt Pont-de-l'Alma ; Métro 7, arrêt Pont-de-l'Alma ;
Bus 42/63/80/92, arrêt Bosquet-Rapp | Horaires d'ouverture Du mardi au dimanche de
10 h à 17 h | À savoir À quelques pas de là se trouve la cathédrale de la Sainte-Trinité, le
siège de l'Église russe orthodoxe, avec ses dômes dorés en forme d'oignon.

19 La Fondation Cartier

La vision d'un art contemporain vivant

Établie en 1984, la Fondation Cartier pour l'art contemporain est un exemple unique de mécénat d'entreprise en France. Installée dans un bâtiment de verre conçu par l'architecte Jean Nouvel, elle a pour vocation de favoriser la création contemporaine et d'en diffuser la connaissance. Avec un fonds impressionnant rassemblant plus de 2 000 œuvres, réalisées par 500 artistes venus de 50 pays différents, elle se positionne comme un acteur incontournable de l'art moderne.

Sa singularité réside dans le fait que chaque exposition est l'opportunité de créer de nouveaux échanges avec les artistes. On y découvre aussi bien des figures emblématiques de l'art contemporain que de nouveaux talents. Grâce à un système de commandes de la fondation, clé de voûte du mécénat, on n'y voit jamais d'œuvres qui ont été exposées ailleurs. Les présentations sont imaginées avec la vision d'un art contemporain vivant, où le visiteur pourra naturellement trouver une part d'inattendu.

Pour ses commandes, la Fondation Cartier embrasse toutes les facettes de la création artistique contemporaine, du design à la mode, de la peinture à la photographie, de l'architecture au design. Elle organise quatre expositions par an, qu'elles soient monographiques ou collectives, qui abordent des thèmes qui touchent aux questions sociétales du moment. Ainsi, une exposition a mis en lumière les Yanomamis, une communauté indigène d'Amazonie, soulignant la fragilité de la biodiversité. Des artistes occidentaux tels que Tony Oursler, Adriana Varejão, Raymond Depardon sont allés à leur rencontre. L'interaction de ces artistes avec la population locale a donné naissance à des œuvres que la fondation a exposées. Le but était de donner de la visibilité à ces groupes, souvent exclus des parcours artistiques, et de partager leur vision du monde à tous. La fondation offre aussi des opportunités de rencontrer des artistes et d'assister à des spectacles.

Adresse 261 boulevard Raspail, 75014 Paris, tél. 01 42 18 56 50, www.fondationcartier.com | Transports en commun Métro 4/6, arrêt Raspail ; Bus 68, arrêt Raspail-Edgard-Quinet ; Bus 38, arrêt Hôpital-Saint-Vincent-de-Paul | Horaires d'ouverture Du mardi au dimanche de 11 h à 20 h | À savoir Pour compléter votre visite, baladez-vous dans le cimetière du Montparnasse, où sont enterrés Charles Baudelaire et Guy de Maupassant.

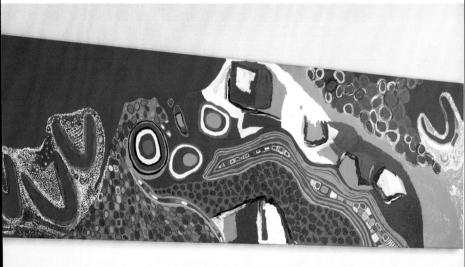

20 La Fondation Custodia

Au service de l'histoire de l'art

La Fondation Custodia abrite la collection de Frits Lugt et Jacoba Klever dans l'hôtel Turgot, dans le 7ᵉ arrondissement. Bien que l'institution dispose d'une collection permanente et organise des expositions temporaires, elle ne constitue pas un musée des Beaux-Arts traditionnel : exception faite des manifestations temporaires, elle ne propose pas de visite de collection permanente. Néanmoins, une expérience fascinante est possible grâce à une visite organisée.

Ayant pour mission de rendre hommage à l'histoire de l'art, la fondation est un lieu incontournable pour les chercheurs et les étudiants de ce domaine, en particulier ceux intéressés par les arts flamand et hollandais, les estampes, les dessins, les lettres manuscrites, les timbres de collection, la conservation d'œuvres ou encore les cadres anciens.

Un spectaculaire bureau d'études décoré dans le style de l'époque permet aux visiteurs de découvrir des objets de la collection sur rendez-vous, et le public peut s'inscrire pour accéder à l'une des plus grandes bibliothèques spécialisées en histoire de l'art. La collection comprend plus de 20 000 estampes et dessins, et la bibliothèque possède un vaste fonds de monographies et de catalogues. Des expositions temporaires ont lieu chaque année. En plus de grands maîtres et d'artistes contemporains, la fondation aime montrer le travail d'artistes moins connus, tels le peintre français Georges Michel, l'impressionniste néerlandais Willem Bastiaan Tholen ou l'artiste danois Christoffer Wilhelm Eckersberg. Les présentations sont très complètes et font la part belle aux dessins et aux autres travaux sur papier.

Le temps fort reste la visite guidée des salons et des tableaux de l'hôtel particulier du XVIIIᵉ siècle, notamment la cage d'escalier sur trois niveaux, qui met en lumière une collection de ravissants petits tableaux de paysages.

Adresse 121 rue de Lille, 75007 Paris, tél. 01 47 05 75 19, www.fondationcustodia.fr, lugt@fondationcustodia.fr | Transports en commun Métro 12, arrêt Assemblée-Nationale ; Bus 63/73/83/84/87, arrêt Assemblée-Nationale | Horaires d'ouverture Voir sur le site internet pour les horaires d'exposition et les visites | À savoir La basilique de Sainte-Clotilde, située à proximité, abrite l'un des nombreux orgues réalisés par le célèbre constructeur Aristide Cavaillé-Coll. Le premier à y avoir joué est le compositeur César Franck.

21 La Fondation Henri Cartier-Bresson

Du photojournalisme à la photographie d'art

Visiter la Fondation Cartier-Bresson, c'est remonter aux sources du photojournalisme et de la photographie d'art. Mais c'est aussi découvrir le travail d'Henri Cartier-Bresson et celui de sa femme, Martine Franck, elle-même photographe de talent. Ensemble, ils créèrent cette fondation dans le but d'en faire un lieu de vie et d'y exposer leurs œuvres et celles de leurs pairs.

Initialement peintre et dessinateur, Henri Cartier-Bresson se tourna vers la photographie presque par accident. Mandaté par la presse internationale, il parcourut le monde entier pour couvrir l'actualité. Surnommé « l'œil du siècle » par ses contemporains, il fut le témoin de grands événements, comme la libération de Paris en 1945 ou la chute du Parti nationaliste chinois en 1949. Il semble avoir toujours été présent à des moments clés de l'histoire. Le style de ses photographies est unique : ses noirs et blancs sont nets, brillants et profonds, jouant avec la géométrie pour réaliser des compositions parfaites. D'ailleurs, ses photos n'étaient jamais recadrées ! Regarder ses photographies, c'est être spectateur d'un instant décisif.

Mais au-delà d'admirer de beaux clichés, contempler son travail permet de comprendre le traitement de l'actualité par la presse de l'époque. Plutôt que d'immortaliser des moments politiques forts, Cartier-Bresson choisissait de photographier les populations et des scènes de vie. Il avait aussi coutume d'envoyer aux éditeurs ses pellicules non développées, agrémentées de notes concises, mais percutantes. Il ne découvrait le résultat que lorsqu'elles étaient publiées. Grâce à sa technique et à sa sensibilité, il est parvenu à capturer des détails qui révèlent l'intensité du moment. La Fondation propose des expositions d'œuvres d'Henri Cartier-Bresson, de Martine Franck ou d'artistes contemporains, renouvelées tous les trimestres.

Adresse 79 rue des Archives, 75003 Paris, tél. 01 40 61 50 50, www.henricartierbresson.org |
Transports en commun Métro 3/11, arrêt Arts-et-Métiers ; Bus 20/75, arrêt Square-du-Temple ; Bus 29/75, arrêt Archives-Haudriettes | **Horaires d'ouverture** Du mardi au dimanche de 11 h à 19 h | **À savoir** Promenez-vous dans Montmartre et entraînez-vous à prendre des photos dans le style de Cartier-Bresson (et surtout pas de *selfies*). Les célèbres escaliers de la rue Maurice-Utrillo sont parfaits pour cela.

22 La Fondation Jean Dubuffet

Une imagination sans limites

La Fondation Dubuffet est l'une des toutes premières fondations créées par l'artiste lui-même. Convaincu que l'appréciation d'un artiste nécessitait une immersion dans la totalité de son travail, Jean Dubuffet a choisi de fonder sa propre institution et d'y développer son univers.

Établie en 1974, elle a vu le jour à un moment crucial de sa carrière : l'artiste venait d'achever la *Closerie Falbala*, une œuvre monumentale, désormais classée monument historique. Pour Dubuffet, une œuvre ne prenait sens qu'au sein d'un ensemble. Actif jusqu'à la fin de sa vie, il a légué un grand nombre de ses travaux à cette institution, qui en conserve aujourd'hui plus de 2 500 – peintures, sculptures, maquettes d'architecture, dessins et estampes –, à Périgny-sur-Yerres. La Fondation s'ancre également dans un hôtel particulier parisien acquis par Dubuffet en 1962, lieu d'expositions temporaires.

Installée rue de Sèvres, l'antenne parisienne organise deux expositions par an autour de thématiques variées, qui font découvrir toutes les facettes de la carrière de Dubuffet. C'est l'un des artistes européens de l'après-guerre les plus célèbres, mais aussi l'un des plus contestés pour ses prises de parole sur l'art. Il avait une imagination sans limites, comme en témoigne la diversité de sa production : peintures, assemblages, dessins et sculptures, qui vont de l'abstraction à la figuration enfantine.

Dubuffet questionna l'art et la culture occidentale de son temps. Ses positions anti-culturelles l'amenèrent à inventer des matières et des formes d'art sans cesse renouvelées. En prônant notamment les praticiens autodidactes, il devint le pionnier de l'« Art brut », terme qu'il avait inventé pour désigner « des ouvrages exécutés par des personnes indemnes de culture artistique ». Toute l'œuvre de Dubuffet reflète son refus d'une peinture académique et sa quête d'une redéfinition des limites de la dimension artistique.

Adresse 137 rue de Sèvres, 75006 Paris, tél. 01 47 34 12 63, www.fondationdubuffet.com |
Transports en commun Métro 10/13, arrêt Duroc ; Bus 82/86/92, arrêt Duroc | Horaires
d'ouverture Du lundi au vendredi de 14 h à 18 h | À savoir Si vous êtes passionné par
Dubuffet, un voyage à Périgny-sur-Yerres est de rigueur. Vous y découvrirez ses maquettes,
ses peintures et ses sculptures, dont la fameuse *Closerie Falbala*.

23 La Fondation Jérôme Seydoux-Pathé

Plongée dans les origines du 7ᵉ Art

Enregistrer une vidéo en HD sur son smartphone semble être une prouesse de la technologie moderne… jusqu'à ce que l'on visite la Fondation Jérôme Seydoux-Pathé ! L'exposition de caméras du début du XXᵉ siècle, produites par Pathé, montre que l'idée de filmer nos vies ne date pas d'hier. C'est impressionnant de voir comment l'envie de capturer des moments en vidéo est un concept qui existe depuis plus de 100 ans.

Les frères Pathé étaient des pionniers de la musique et du cinéma. La collection de la fondation compte 150 machines et retrace plus de 50 ans d'innovation, commençant avec les phonographes de la fin du XIXᵉ siècle. La société Pathé s'est orientée vers l'équipement cinématographique et la production de films à partir de 1896, en se concentrant sur la démocratisation de l'art de faire des films. Les années 10 et 20 ont été une période d'innovation, et à partir de 1930, l'accent a été mis sur la fabrication d'appareils de plus en plus accessibles aux amateurs.

L'importante collection comprend des modèles iconiques, comme le Lumière de 1896, le Pathé Baby de 1922, le Cocorico de 1924 ou des modèles d'après-guerre, comme le Webo et le Joinville. N'hésitez pas à tourner la manivelle de l'ancien vidéoprojecteur pour vous faire une idée de son fonctionnement. Chaque nouvelle génération de caméras était plus avancée et plus facile à transporter. À l'instar des cartouches de nos imprimantes, les films pour les caméras constituaient la principale source de revenus de Pathé. La fondation rend hommage au film et à l'entreprise dans un cadre exceptionnel. Le bâtiment, conçu par l'architecte Renzo Piano, arbore une façade attribuée à Auguste Rodin. Il sert de cadre à la projection de films muets, souvent accompagnés au piano. Des visites le samedi permettent aux curieux de découvrir l'architecture unique du lieu.

Adresse 73 avenue des Gobelins, 75013 Paris, tél. 01 83 79 18 96, fondation-jeromeseydoux-pathe.com, contact@fondationpathe.com | Transports en commun Métro 5/6, arrêt Place-d'Italie ; Métro 7, arrêt Les-Gobelins ; Bus 27/47/59/83, arrêt Banquier | Horaires d'ouverture Le lundi de 13 h à 19 h, du mercredi au vendredi de 13 h à 18 h 30, le samedi de 11 h 30 à 18 h 30 | À savoir Visitez le Rex Studios pour découvrir les coulisses du Grand Rex, dans l'emblématique palais Art déco de 1932.

24 La Fondation Le Corbusier

Une autre vision de l'architecture

Lieu de pèlerinage pour les passionnés d'architecture, le site de la Fondation Le Corbusier est constitué de deux maisons mitoyennes, la maison Laroche et la maison Jeanneret. Elles reflètent les conceptions nouvelles et radicales de Charles-Édouard Jeanneret-Gris, dit Le Corbusier. Architecte, urbaniste, peintre et théoricien, il fut l'un des principaux représentants du mouvement moderne, reconnu comme une figure majeure de l'architecture du XXe siècle.

À première vue, les villas affichent une simplicité épurée, avec leurs façades blanches. Érigées entre 1923 et 1925 par l'architecte et par son associé et cousin Pierre Jeanneret, ces demeures s'inscrivent dans la série des villas puristes, privilégiant une approche fonctionnaliste. L'intérieur de la maison Laroche révèle toute la rigueur et le sens du détail de Le Corbusier. Il y a introduit ses « cinq points d'une architecture nouvelle » : les pilotis, le toit-jardin, le plan libre, la fenêtre en longueur et la façade libre. Il utilisa les couleurs comme un moyen de mise en valeur de l'architecture et déclara : « L'intérieur de la maison doit être blanc, mais pour que le blanc soit appréciable, il faut la présence d'une polychromie bien réglée. »

On apprécie ici tout l'univers chromatique de Le Corbusier qui se consacrait quotidiennement à la peinture dans sa maison-atelier. Il assemblait ses teintes comme une composition picturale ; il associait un bleu céruléen à un rouge vermillon, un gris foncé à un ocre, et trouva même l'audace de choisir un rose pâle pour le sol. Ainsi, un mur apparemment banal devient une pièce maîtresse de sa composition. Même les radiateurs n'ont pas échappé à son œil averti. Ils furent recouverts d'un anthracite ou d'un gris-bleu clair qui tranche avec les murs sur lesquels ils reposent. Encore aujourd'hui, son œuvre bouscule et le parcours est une véritable leçon d'architecture.

Adresse 55 rue du Docteur-Blanche, 75016 Paris, tél. 01 42 88 75 72,
www.fondationlecorbusier.fr | Transports en commun Métro 9, arrêt Jasmin ; Métro 9/10,
arrêt Michel-Ange-Auteuil ; Bus 22, arrêt Jasmin ; Bus 52, arrêt Mozart-La-Fontaine |
Horaires d'ouverture Le lundi de 13 h 30 à 18 h, du mardi au vendredi de 10 h à 12 h 30
et de 13 h 30 à 18 h, le samedi de 10 h à 18 h | À savoir Visitez l'appartement-atelier
de Le Corbusier au 24 rue Nungesser-et-Coli, tout proche. Il l'occupa avec sa femme de
1934 jusqu'à son décès en 1965.

25 La Fondation Louis Vuitton

Un haut lieu de la culture et de l'art

Lieu incontournable de la scène culturelle française, la Fondation Louis Vuitton a jeté l'ancre à l'orée du bois de Boulogne en 2014. Dessiné par l'architecte Frank Gehry, le bâtiment, un voilier futuriste posé sur un miroir d'eau, a été commandé par Bernard Arnault, le PDG du groupe LVMH et mécène féru d'art contemporain. Ce bâtiment vaut à lui seul le détour. À son sommet, les terrasses permettent d'apprécier un superbe panorama sur le bois de Boulogne, la capitale et La Défense.

La fondation abrite une collection d'œuvres des années 60 à nos jours, dont certaines dialoguent avec l'architecture du bâtiment. On peut flâner dans les couloirs près du bassin, où des miroirs d'Olafur Eliasson jouent avec la lumière et les couleurs. Selon l'angle de vue, depuis l'intérieur et à l'extérieur de la colonnade, un jeu de regards multiples met en résonance l'onde procurée par l'architecture. C'est le moment idéal pour s'amuser avec une architecture vivante ! Le fonds se découvre au fil des expositions et des manifestations. Il se construit sur la base de partis pris affirmés et souhaités par son fondateur et s'organise autour de quatre directions : contemplative, popiste, expressionniste, musique/son. Ainsi, vous pourrez découvrir des œuvres d'artistes reconnus, tels qu'Andy Warhol, Jean-Michel Basquiat, Gerhard Richter, Ellsworth Kelly ou encore Pierre Huyghe… Chaque année, deux expositions temporaires, souvent très prisées, sont proposées, afin de mettre à l'honneur l'art moderne et contemporain international : ce fut le cas de « La Collection Chtchoukine » en 2016, ou encore « Mark Rothko » en 2023. Les artistes émergents ne sont pas oubliés, avec le programme « Open Space », qui leur offre carte blanche chaque année. La fondation organise aussi des concerts et des récitals, et invite des chorégraphes du monde entier à présenter leurs productions à l'auditorium.

Adresse 8 avenue du Mahatma-Gandhi, 75116 Paris, tél. 01 40 69 96 00,
www.fondationlouisvuitton.fr, contact@fondationlouisvuitton.fr | Transports en commun
Métro 1, arrêt Les-Sablons ; Bus 73, arrêt La-Garenne-Colombe-Charlebourg | Horaires
d'ouverture Du lundi au jeudi, sauf le mardi, de 12 h à 19 h, le vendredi de 12 h à 21 h, le
samedi et le dimanche de 10 h à 20 h | À savoir Rendez-vous au jardin d'Acclimatation, un
parc de loisirs immense niché dans le bois de Boulogne.

26 La galerie de Paléontologie et d'Anatomie comparée

Des dinosaures, des squelettes et un mammouth laineux

La galerie de Paléontologie et d'Anatomie comparée donne l'impression d'être une gigantesque machine à voyager dans le temps, nous transportant au cœur de la science du début du XXe siècle. À l'intérieur du bâtiment richement décoré, il est facile d'imaginer la foule présente lors de l'ouverture du musée en 1898, venue découvrir les nouvelles merveilles scientifiques. Si la climatisation n'existait évidemment pas encore à l'époque, le musée n'en est toujours pas doté, le forçant parfois à fermer ses portes les jours de grosse chaleur.

Le rez-de-chaussée, où se trouve la galerie d'Anatomie comparée, est une véritable forêt de squelettes mettant en lumière les différences entre les espèces, dont beaucoup sont de proches cousins. En lisant les panonceaux, très souvent écrits à la main dans une charmante écriture ancienne, vous découvrirez d'incroyables histoires sur leurs origines. Les squelettes viennent du monde entier, mais aussi du zoo situé de l'autre côté du jardin des Plantes. Parmi ceux-ci, un bœuf acheté à Londres et décédé dans le zoo, un buffle du Cap offert par le président de la République, un taureau Apis momifié datant de l'Égypte ancienne, ou encore un rhinocéros d'Inde de la ménagerie royale de Versailles, tué par un sabre pendant la Révolution. Si vous êtes un fan de fossiles, ne manquez pas la gigantesque collection sur la vie primitive marine et végétale au dernier étage. Et aucun visiteur ne veut manquer les dinosaures et autres créatures de l'âge de glace. Une baleine vieille de 35 millions d'années et le mammouth de Durfort sont les plus populaires, mais l'incroyable mammouth sibérien, découvert encore gelé, mérite aussi le coup d'œil. En plus de son squelette, on peut encore voir la peau de sa tête et un pied laineux. Ses autres membres et ses organes restent protégés en chambre froide.

Adresse 2 rue Buffon, 75005 Paris, tél. 01 40 79 56 01, www.mnhn.fr/fr/galerie-de-paleontologie-et-d-anatomie-comparee, valhuber@mnhn.fr | Transports en commun RER C, arrêt Gare-d'Austerlitz ; Métro 5/10, arrêt Gare-d'Austerlitz ; Métro 7/10, arrêt Jussieu ; Bus 24/57/91, arrêt Gare-d'Austerlitz ; Bus 63/89, arrêt Jardin-des-Plantes | Horaires d'ouverture Du mercredi au lundi de 10 h à 18 h | À savoir Vous pouvez acheter des fossiles pour commencer ou enrichir votre collection personnelle chez Carion Minéraux, au 92 rue Saint-Louis-en-l'Île.

27 La grande galerie de l'Évolution

Notre impact sur la nature

On ne vous en voudra pas si vous croyez qu'il pleut dans la grande galerie de l'Évolution, un somptueux exemple architectural du XIXe siècle transformé en musée moderne dans les années 90. Dans un merveilleux spectacle de lumière, cet atrium de quatre étages s'assombrit, puis un coup de tonnerre et d'éclairs retentit, accompagné du bruit d'une pluie diluvienne. Cela ne dure que quelques instants avant que l'orage se calme sur la savane. Le soleil réapparaît, permettant à la longue procession des animaux africains de se poursuivre sous un soleil éclatant.

Le propos de la grande galerie est de montrer que la diversité biologique est le fruit de l'évolution des êtres vivants dans une variété d'environnements, soulignant ainsi notre responsabilité de les protéger. Vous comprendrez ce message à travers la longue histoire du règne animal et le travail des naturalistes qui ont découvert puis classifié les espèces, avant d'étudier les principes de la génétique et de l'évolution. Le musée attire aussi notre attention sur le rôle des humains dans l'évolution des espèces. Par l'industrialisation et la surpopulation, nous avons chassé, domestiqué et même décimé des populations entières d'animaux, impactant leur développement. L'évolution des espèces animales, qui jadis prenait des millénaires, peut désormais s'opérer en quelques décennies, voire en l'espace d'une seule génération.

L'avertissement principal quant à l'impact humain sur la planète réside dans la salle des espèces en voie d'extinction ou éteintes. Des centaines d'animaux empaillés sont exposés derrière des vitres, parfois les derniers représentants de leur race aujourd'hui disparue, ou gravement menacée. En France, on retrouve plusieurs espèces en danger, dont le gypaète barbu. Un programme de réintroduction a été lancé en 1978 : en 2020, on dénombrait 47 couples sur le territoire.

Adresse 36 rue Geoffroy-Saint-Hilaire, 75005 Paris, tél. 01 40 79 56 01, www.mnhn.fr/
fr/grande-galerie-de-l-evolution, valhuber@mnhn.fr | **Transports en commun** RER C,
arrêt Gare-d'Austerlitz ; Métro 5/10, arrêt Gare-d'Austerlitz ; Métro 7/10, arrêt Jussieu ;
Bus 24/67/89, arrêt Buffon-la-Mosquée | **Horaires d'ouverture** Du mercredi au lundi de
10 h à 18 h | **À savoir** Une courte marche vous emmène jusqu'à la mosquée de Paris, où vous
pourrez déguster un bon repas ou profiter d'une sélection de pâtisseries à emporter dans le
restaurant marocain situé à l'intérieur.

28 L'hôtel d'Heidelbach

Le panthéon bouddhique

Situé sur l'avenue d'Iéna, l'hôtel particulier d'Heidelbach a été construit de 1912 à 1915 par l'architecte René Sergent pour les Heidelbach, un couple de banquiers américains. L'édifice, d'inspiration néo-classique, était la résidence privée de la famille et abritait sa collection d'art décoratif européen du XVIIIᵉ siècle. À la disparition d'Alfred Samuel Heidelbach, celle-ci fut dispersée. L'hôtel, quant à lui, a été affecté à la direction des musées de France, et le musée Guimet en devint le dépositaire en 1991.

C'est à cette période que le panthéon bouddhique, fruit de la vision d'Émile Guimet, a vu le jour. Bien que peu d'œuvres impériales y soient dévoilées, leur splendeur est amplifiée par le cadre majestueux des lieux. Cette perle discrète de la culture asiatique est une escale immanquable.

La première galerie présente des pièces maîtresses du mobilier impérial des époques Ming et Qin. Une majestueuse armoire impériale de la dynastie Ming trône au centre de la pièce. Elle est en laque, ornée de dragons, emblème de l'empereur. Les motifs serrés et rigoureux contrastent avec le décor libre peint au dos du meuble, représentant un jardin. Une seconde galerie est l'écrin idéal pour deux somptueux paravents chinois. À l'époque, ils étaient utilisés pour délimiter l'espace public de l'espace privé et servaient à magnifier la place d'honneur. Le paravent datant de 1691, à 12 feuilles à décor de pins et de grues de la dynastie Qin, est somptueux. Son bois, sublimé d'une laque polychrome de Coromandel, se déploie en une symphonie de couleurs, allant du brun profond à des teintes plus douces de bleu, de vert jade, de gris et de rose.

Une salle attenante est consacrée à la cérémonie du thé. Elle dévoile des artefacts liés à cette pratique raffinée. Et, pour parfaire cette immersion, un véritable pavillon de thé, niché dans un jardin japonais à l'arrière de l'hôtel, invite à une pause contemplative.

Adresse 19 avenue d'Iéna, 75116 Paris, tél. 01 56 52 54 33, www.guimet.fr/collections/visite-virtuelle/pantheon-bouddhique | Transports en commun Métro 9, arrêt Iéna ; Métro 6, arrêt Boissière ; Bus 32/63/82, arrêt Iéna | Horaires d'ouverture Tous les jours, sauf le mardi, de 10 h à 18 h | À savoir Des cérémonies du thé se déroulent dans le jardin. Elles offrent un moment privilégié pour découvrir l'un des aspects les plus sophistiqués de l'art de vivre japonais (réservation au 01 40 73 88 00).

29 L'hôtel de la Marine

Bienvenue au XVIIIe siècle

En 1748, Louis XV, désireux d'affirmer son pouvoir, envisagea la construction de sa place royale, aujourd'hui place de la Concorde. Selon les plans, deux palais devaient encadrer une sculpture du roi – édifices qui virent le jour en 1774. L'un d'entre eux, l'hôtel de la Marine, servit de garde-meuble royal : c'est ici qu'étaient créés, inventoriés et restaurés les meubles du roi. Le bâtiment abritait aussi des bureaux administratifs et les appartements de fonction des intendants. Après la Révolution, il fut occupé par le ministère de la Marine jusqu'en 2017.

Devenu musée depuis peu, l'hôtel a retrouvé ses décors du XVIIIe et du XIXe siècle – il a fallu enlever une vingtaine de couches de peinture pour retrouver les couleurs originelles ! On redécouvre ainsi, avec bonheur, les appartements de l'époque. Ne manquez pas de faire la visite avec le « confident », un casque audio qui vous accueille comme si vous étiez un ami de l'intendant, curieux de découvrir ses appartements et les salons d'apparat de la Marine.

Chaque pièce, du salon aux chambres en passant par le cabinet des bains, reflète le raffinement du Siècle des Lumières. Le vestibule, pièce d'entrée, est étonnamment sobre, puisqu'il était d'usage à l'époque de ne pas dévoiler sa fortune au premier abord. Cependant, à mesure que l'on progresse, l'opulence est de plus en plus palpable. En choisissant son mobilier, l'intendant n'a pas hésité à se servir dans les réserves de l'administration, y compris en choisissant des pièces ayant appartenu au roi ! L'antichambre, quant à elle, fit scandale pour son luxe jugé déplacé pour une pièce ordinaire. Le grand cabinet se distingue par sa somptueuse cheminée en marbre Portor et une commode signée Jean-Henri Riesener, ébéniste de Louis XV. Dans la salle à manger, une grande table est dressée, évoquant un repas qui vient de s'achever. La mise en scène donne l'impression qu'une personne a vécu ici, comme si l'intendant en charge venait de quitter les lieux à l'instant même.

Adresse 2 place de la Concorde, 75008 Paris, www.hotel-de-la-marine.paris | **Transports en commun** Métro 1/8/12, arrêt Concorde ; Bus 42/45/52/72/73/84/94/107/299, arrêt Concorde | **Horaires d'ouverture** Du lundi au dimanche de 10 h 30 à 19 h | **À savoir** Faites une balade jusqu'au palais Cambon pour découvrir son architecture unique, superbe exemple de l'architecture officielle sous la IIIe République.

30 L'Institut Giacometti
L'artiste, l'œuvre et l'atelier

L'Institut Giacometti, situé dans le quartier Montparnasse, dispose d'un fonds constitué de plus de 100 sculptures, dessins, estampes et photographies de l'artiste Alberto Giacometti. Chaque année, quatre expositions temporaires se déploient dans ce lieu à taille humaine, qui favorise un rapport intime avec les œuvres de l'artiste. Chaque visite offre l'opportunité d'admirer une nouvelle facette de son travail.

L'institut a pour cadre un hôtel particulier construit en 1911 pour l'ébéniste et décorateur Paul Follot, qui collabora entre autres avec Le Bon Marché. Cette demeure, témoin d'une époque charnière entre l'Art nouveau et l'Art déco, dévoile des mosaïques remarquables. Si l'endroit propose désormais un écrin idéal aux œuvres de Giacometti, l'artiste n'y a jamais résidé. Il louait un atelier, qu'il nommait sa « caverne-atelier », à quelques encablures, au 46 rue Hippolyte-Maindron. Il y passa plus de 40 ans de sa vie. De fait, l'artiste, l'œuvre et le lieu étaient intimement liés : c'est dans ces murs que naquit la quasi-totalité de sa création.

À la mort de Giacometti, l'atelier fut rendu, mais Annette, sa veuve, conserva tous les éléments qui le constituaient, jusqu'à ses murs. Grâce à ça, l'Institut Giacometti l'a reconstruit dans son intégralité. On est impressionné par sa petitesse – 24 mètres carrés – et sa vétusté. On y retrouve le lit, les chevalets, les pinceaux d'Alberto… et on admire ses toutes premières sculptures : des bustes de son frère et de sa mère, ainsi que les dernières œuvres sur lesquelles il travaillait avant sa mort. Les murs, quant à eux, sont de véritables témoins de sa créativité : Giacometti avait pour habitude d'y griffonner ses pensées ou d'y esquisser des croquis. Durant son vivant, cet atelier était un haut lieu de la vie culturelle parisienne, accueillant des personnalités comme Sartre, Genet ou Doisneau. Aujourd'hui, il attire les passionnés de son œuvre.

Adresse 5 rue Victor-Schoelcher, 75014 Paris, tél. 01 44 54 52 44, www.fondation-giacometti.fr | Transports en commun Métro 4/6, arrêt Raspail ou Denfert-Rochereau ; Bus 59/88, arrêt Denfert-Rochereau-Froidevaux ; Bus 38, arrêt Denfert-Rochereau-Arago | Horaires d'ouverture Du mardi au dimanche de 10 h à 18 h | À savoir N'hésitez pas à vous balader le long du boulevard du Montparnasse pour retourner sur les lieux de rencontre de Picasso, Vlaminck, Braque, Léger ou Hemingway : les cafés Le Sélect, Le Dôme, La Coupole et La Closerie des Lilas.

31 L'Institut du monde arabe
Un pont entre deux cultures

Situé dans un lieu privilégié, doté d'une architecture primée, proposant des expositions temporaires fascinantes et abritant une librairie remarquable, l'Institut du monde arabe réunit toutes les qualités d'un musée à visiter absolument. Pensé à l'origine comme un pont entre la France et le Moyen-Orient, il est devenu un centre d'étude de la culture et de l'histoire arabes. Bien que l'Islam soit incontournable dans la compréhension du monde arabe actuel, le musée explore aussi cette culture qui remonte aux routes marchandes entre l'Est et l'Ouest, autour de 1000 avant J.-C. La religion, incluant les trois religions nées dans cette région, n'est qu'un des thèmes abordés.

La collection est organisée en zones distinctes comme les origines du monde arabe, la vie familiale, les mathématiques, les sciences ou encore l'art et la beauté. Des panneaux informatifs fournissent des explications approfondies, enrichies par des objets d'exception. Un exemple remarquable de mise en scène est l'exposition sur la vie familiale. Le descriptif souligne qu'une habitation urbaine traditionnelle est structurée en espaces publics et privés, séparés par un atrium à ciel ouvert et une fontaine. Le musée a reconstitué ces lieux, comprenant deux alcôves séparées par une fontaine décorée de carreaux. Face à l'alcôve privée, un *izar*, un tissu rectangulaire aux couleurs éclatantes, est accroché en guise de porte, offrant intimité et ventilation.

Le musée met aussi à profit des bandes sonores : lorsqu'on approche de la zone consacrée aux objets des différents courants religieux, des enceintes diffusent un appel à la prière d'une mosquée, tandis que des chants résonnent à travers l'espace sacré d'une église. On réalise à quel point ces sons, au départ presque imperceptibles, apportent une richesse indéniable à la visite. Dans le hammam, on perçoit des conversations et des rires mêlés au bruit de l'eau, et, dans la galerie des instruments, ce sont les cordes d'un oud qui se font entendre.

Adresse 1 rue des Fossés-Saint-Bernard, place Mohammed-V, 75005 Paris,
tél. 01 40 51 38 38, www.imarabe.org | Transports en commun Métro 7/10, arrêt Jussieu ;
Bus 67/75/87/90, arrêt Institut-du-Monde-Arabe | Horaires d'ouverture Du mardi au
vendredi de 10 h à 18 h, le samedi et le dimanche de 10 h à 19 h | À savoir La façade arrière
de l'institut, qui fait face au quai Saint-Bernard et à la bibliothèque de recherche en biologie,
est agrémentée d'une peinture murale incroyable, signée par l'artiste franco-tunisien eL Seed
(www.elseed-art.com).

32 Le Jeu de paume
L'image au sens large

Inaugurée en 1862, la salle du Jeu de paume est le dernier lieu parisien dédié à ce sport. Au début du XXᵉ siècle, elle accueillait une galerie d'exposition. Pendant la Seconde Guerre mondiale, elle fut utilisée comme lieu de stockage et de transit pour les œuvres d'art spoliées par le régime nazi. Elle hébergea ensuite le musée des Impressionnistes. Ce n'est qu'en 2004 qu'elle fut rebaptisée « Jeu de paume », devenant un centre d'art dédié à l'image des XXᵉ et XXIᵉ siècles, englobant la photographie, la vidéo, l'art contemporain multimédia, le cinéma ou encore la création digitale.

Sa mission est d'organiser des expositions temporaires dédiées à la photographie et aux arts connexes en puisant dans les archives photographiques dispersées dans les musées français. Le lieu présente ainsi des artistes reconnus, méconnus ou émergents, avec la volonté de confronter différents récits historiques ou contemporains. Il accueille des expositions monographiques d'artistes emblématiques, tels que Cindy Sherman ou William Kentridge ; tout comme des talents plus confidentiels, dont Omer Fast. Les expositions collectives, quant à elles, cherchent à éclairer les enjeux contemporains, comme en témoigne celle du « Supermarché de l'image », organisée en 2020, autour d'une réflexion sur la surabondance d'images dans la société d'aujourd'hui.

Le musée ne cesse d'explorer de nouvelles méthodes de diffusion et de nouveaux supports, notamment en développant *Palm*, le magazine du Jeu de paume, ou en lançant un site dédié à la création digitale. Son contenu regroupe des projets d'artistes ou des expositions thématiques confiées à des commissaires spécialisés dans le domaine du numérique. Il produit également des cycles de cinéma, des colloques, des séminaires ou des activités éducatives. Derrière toutes ces initiatives se cache une ambition : stimuler le débat sur le rôle et la place des images dans l'art et la société contemporaine.

MUSÉE
DU JEU DE PAUME

Adresse 1 place de la Concorde, 75001 Paris, tél. 01 47 03 12 50, www.jeudepaume.org,
accueil@jeudepaume.org | Transports en commun Métro 1/8/12, arrêt Concorde ;
Bus 42/45/52/72/73/84/94/107/299, arrêt Concorde | Horaires d'ouverture Le mardi
de 11 h à 21 h et du mercredi au dimanche de 11 h à 19 h | À savoir Le Palais-Royal est
un magnifique lieu de promenade, où l'on peut admirer un superbe jardin, la Comédie-
Française, le théâtre du Palais-Royal, des boutiques et les fameuses colonnes de Buren…

33 Lafayette Anticipations
Produire et exposer l'art

Lafayette Anticipations, la fondation des Galeries Lafayette, a ouvert ses portes au public en 2018 dans un bâtiment industriel du XIXᵉ siècle, en plein cœur du Marais. La fondation est née de la volonté du président du groupe Galeries Lafayette, Guillaume Houzé, fervent collectionneur d'art contemporain. Imaginé comme une machine curatoriale, le bâtiment héberge dans sa cour centrale une impressionnante tour d'exposition d'acier et de verre.

Le projet de la fondation a été pensé autour de l'aide à la production et à l'exposition d'œuvres d'art, afin de soutenir les artistes en devenir. Pour cela, il a été décidé de mettre en place un atelier de création et de production situé au sous-sol, avec un parc de machines conséquent, permettant aux artistes de réaliser des œuvres dans des matériaux très variés et des techniques complexes. L'architecte Rem Koolhaas a réinvesti la cour intérieure pour gagner des espaces et en faire une tour d'exposition modulable avec 49 configurations possibles. Cet espace dynamique offre aux créateurs une liberté scénographique exceptionnelle. Ainsi, après avoir produit leurs œuvres dans l'atelier, les artistes peuvent s'emparer de cet outil et imaginer une scénographie en accord avec leurs créations. Le public peut découvrir l'atelier lors de visites les week-ends.

L'art contemporain peut être déroutant. Pour faciliter la compréhension des visiteurs, la fondation a mis en place une équipe de médiateurs postés à chaque étage de l'exposition pour discuter avec le public. Qu'ils soient étudiants en histoire de l'art, designers ou artistes, ils sont là pour entamer un dialogue et des échanges avec les curieux, sans délivrer de discours savant. Trois expositions temporaires sont présentées par an et, entre elles, un festival est organisé, que ce soit de musique contemporaine, de danse ou de théâtre. Lafayette Anticipations est un lieu où l'on aime revenir pour continuer de nourrir sa réflexion sur les mouvements artistiques. L'accès est gratuit.

Adresse 9 rue du Plâtre, 75004 Paris, tél. 01 42 74 95 59, www.lafayetteanticipations.com, contact@lafayetteanticipations.com | Transports en commun Métro 11, arrêt Rambuteau ; Métro 1/11, arrêt Hôtel-de-Ville ; Bus 67/69/76/96, arrêt Hôtel-de-Ville ; Bus 29/75, arrêt Archives-Rambuteau | Horaires d'ouverture Tous les jours, sauf le mardi, de 13 h à 19 h | À savoir Les demeures médiévales sont rares à Paris. Vous pourrez découvrir deux maisons à colombages du XVIᵉ siècle dans la rue Miron.

34 La Légion d'honneur
Hommage à une grande peintre française méconnue

Le musée de la Légion d'honneur est un lieu d'histoire, de tradition et de fierté nationale. Plusieurs milliers de citoyens français reçoivent la fameuse médaille chaque année. Des distinctions de ce type existent depuis le XIIe siècle, mais on doit la Légion d'honneur à Napoléon Bonaparte, qui l'a créée en 1802 pour récompenser aussi bien la bravoure militaire que les accomplissements dans les domaines des arts et de l'industrie. Le musée expose des médailles remises tout au long de l'histoire, par la France ou par des pays étrangers. Une section est dédiée à Valéry Giscard d'Estaing, exposant ses multiples médailles reçues de gouvernements étrangers.

Une récipiendaire notoire de la Légion d'honneur fut Rosa Bonheur, peintre française du XIXe siècle à laquelle le musée dédie une exposition particulière. Connue pour ses représentations animalières et ses amitiés avec de nombreuses personnalités comme l'Américain Buffalo Bill, elle était l'une des artistes les plus connues et les mieux payées de son époque… et la première femme artiste à recevoir la Légion d'honneur. La médaille lui a été remise par l'impératrice Eugénie en 1865, puis du rang de chevalier, elle a été promue au rang d'officier en 1894. Elle portait la petite rosette sur ses tenues exposées dans sa maison de Thomery.

Le musée expose également d'autres distinctions reçues par Rosa Bonheur. En 1865 lui a été remise la croix de Saint-Charles par l'empereur Maximilien du Mexique, puis l'ordre d'Isabelle la Catholique d'Espagne en 1880, l'ordre de Léopold de Belgique en 1885, et la croix du Mérite des arts et des sciences par le duché de Saxe-Cobourg-Gotha en 1892. Elle était à la fois chevalier et officier de l'ordre portugais de Saint-James de l'Épée. Malgré tous ces honneurs, cette immense peintre a longtemps disparu de l'histoire, jusqu'à ce que l'exposition de son œuvre au musée d'Orsay, en 2022, la fasse sortir de l'oubli.

Adresse 2 rue de la Légion-d'Honneur, 75007 Paris, tél. 01 40 62 84 25,
www.legiondhonneur.fr | Transports en commun RER C, arrêt Musée-d'Orsay ; Métro 12,
arrêt Solférino ; Bus 68/69/73/87, arrêt Musée-d'Orsay | Horaires d'ouverture Du mercredi
au dimanche de 13 h à 18 h | À savoir Aventurez-vous en dehors de Paris pour visiter le
château-musée dédié à Rosa Bonheur, à Thomery, en Seine-et-Marne.

35 La maison de Balzac

À la découverte d'un auteur universel

Balzac a vécu dans cette maison de la rue Raynouard de 1840 à 1847. Il y corrigea *La Comédie humaine*. Sur place, on découvre son bureau, ses objets personnels, ainsi que des portraits de l'artiste et de ses personnages. Il est l'un des auteurs les plus traduits au monde, parce que l'on retrouve dans ses œuvres les réponses aux grandes questions sociétales, celles d'hier et d'aujourd'hui. Balzac n'est pas un écrivain du XIXe siècle, c'est un écrivain universel… et un travailleur acharné : il se couchait à 18 heures et se réveillait à 1 heure du matin pour écrire, puis faisait une pause de 8 à 9 heures, il reprenait jusqu'à 15 heures, avant de s'octroyer 3 heures de répit. Dire que le café le gardait éveillé serait un euphémisme ; en réalité, il est décédé des complications liées à la consommation de 50 tasses de café par jour !

Une salle décrit les étapes d'écriture de ses manuscrits. Pour le premier jet, il écrivait au fil de la plume, avec quelques ratures, et l'envoyait à l'imprimeur. Le typographe composait le texte et l'envoyait à l'impression. Balzac recevait cette première épreuve, rayait quelques lignes, ajoutait des annotations, modifiait l'ordre des paragraphes et multipliait le texte par deux. L'imprimeur recevait les modifications, le typographe devait tout recommencer. Parfois, certaines pages ont été réécrites 30 fois !

Son travail explique comment Balzac est devenu ce qu'il est. Autodidacte, il s'essaya d'abord aux études de droit avant d'annoncer à ses parents son désir de devenir écrivain. Son père lui accorda une année de soutien financier. Il s'isola pour écrire une pièce de théâtre et des poèmes. Un ami académicien de la famille lut son travail et déclara : « Mon jeune ami, laissez tomber la versification et oubliez aussi le théâtre. » Balzac se le tint pour dit et décida de se consacrer aux romans. Ses premiers étaient pesants et il lui fallut 10 ans de travail acharné pour devenir un grand écrivain.

Adresse 47 rue Raynouard, 75016 Paris, tél. 01 55 74 41 80, www.maisondebalzac.paris.fr |
Transports en commun Métro 6, arrêt Passy ; Métro 9, arrêt La-Muette ; Bus 32, arrêt
Place-de-Passy ; Bus 70, arrêt Les-Vignes-Boulainvilliers ; Bus 72, arrêt Lamballe-Ankara |
Horaires d'ouverture Du mardi au dimanche de 10 h à 18 h | À savoir Allez découvrir
l'immeuble aux 13 et 19 de la rue Raynouard, dessiné par l'architecte Louis Duhayon en
1931. Il imagina aussi le Royal Monceau en 1920 et le Plaza Athénée en 1936.

naïvetés qui sont si bien lui-
même ; on l'aime, avec un tout
petit peu d'ironie qui se mêle
à la tendresse ; on connaît
ses travers, ses petitesses, et
on les aime parce qu'elles le
caractérisent fortement.
Marcel Proust

endously
as highly
ed as a
hic plate.
er, 1941

nt, toujours
ibelot, et
une gloire,
la modestie,
la hâblerie,
même et
expansif,
fou, avec
le raison
rentrait
ner dans
ique dans
e en buvant
pérant de
d'autres
f et
ec un égal
et sceptique,
stes et de
ait Balzac

RVATEUR
SEUR
A PARMI
OU
LUS
RTISTES
TEMPS.

L'ILLUSTRE BALZAC
A VENGÉ LA FRANCE
DU XIXᵉ SIÈCLE DE
N'AVOIR NI UN
GOETHE, NI UN
WALTER SCOTT.
Jules Barbey d'Aurevilly,
13 juillet 1853

Tout comme Hugo,
Balzac a trop de
confiance en son
génie ; souvent,
pressé par le besoin
sans doute, il bâcle.
André Gide, 14 mai 1935

Je connais bien Balzac.
Je veux dire que je parle de
ses personnages comme de
personnes mêlées à mon
existence. Marcel Proust,
Léon Daudet et moi nous
enfermions pour nous
poser des colles à propos
d'œuvres moins célèbres
que les autres. Mais de telles
amours rendent timide.
Jean Cocteau

INSURRECTION
EN LAID, DE
L'ATROCE ET DU FAUX
CONTRE LE BEAU
ET LE VRAI ? C'EST
UNE LITTÉRATURE
ÉMEUTIÈRE...
Émile Deschamps, 10 octobre 1831

Vous ne devinez pas
pourquoi un homme qui
a fait un livre contre les
journalistes est attaqué
par tous les journaux ?
Delphine de Girardin, 21 mars 1840

M. de
Balzac est si
malheureux
qu'il
engrais
Le Charivari, 18 janvier

Les héros d
sont inoubli
parce

36__La Maison Gainsbourg
No Smoking

La Maison Gainsbourg est un arrêt obligatoire pour tous les fans de ce musicien hors pair, iconique et provocateur. Vous pourrez y découvrir sa demeure, relativement modeste, ainsi qu'un musée présentant son influence sur la culture musicale française et qui revient sur son incroyable popularité… teintée de controverses.

C'est Charlotte Gainsbourg, à l'aide d'un casque audio géolocalisé, qui vous guide à travers la maison de son père. De sa voix douce, elle vous immerge dans son quotidien et ses inspirations. Au rez-de-chaussée, un vaste salon – qui servait aussi de music room – abrite son piano, ses photos et ses disques d'or, ainsi qu'une collection de badges de police et d'autres objets lui ayant appartenu. Sur la table basse, des mégots et un paquet de Gitanes laissent à penser que Gainsbourg pourrait rentrer d'un moment à l'autre. Une sensation que l'on retrouve dans la petite cuisine, agrémentée de quelques aliments et d'une rangée de bouteilles de vin vides… À l'étage se trouvent encore sa belle bibliothèque et son énorme fauteuil, la grande baignoire de la salle de bains, le petit placard avec ses vêtements fétiches, et surtout la chambre où il est mort en 1991.

Un musée plus traditionnel se trouve en face. Il retrace la vie du chanteur de façon chronologique, en exposant des lettres, des photos, des partitions ou des vêtements. Vous pourrez passer des heures devant toutes les vidéos présentées ! Le piano-bar rappelle l'atmosphère de sa maison au 5 bis, mais aussi les établissements de son début de carrière. Enfin, le sous-sol héberge les expositions temporaires : en 2024, l'une d'entre elles était consacrée à la scandaleuse – mais non moins célèbre – chanson Je t'aime… moi non plus.

À la fin de la visite, la boutique profite pleinement de la popularité de « Gainsbarre » : vous y trouverez ses chaussures blanches emblématiques, des Zippo, des cendriers, et même des insignes de scouts !

Adresse 5 bis et 14 rue de Verneuil, 75007 Paris, www.maisongainsbourg.fr | Transports en commun RER C, arrêt Musée-d'Orsay ; Métro 4, arrêt Saint-Germain-des-Prés ; Métro 12, arrêt Rue-du-Bac ; Bus 27/39/87/95, arrêt Pont-du-Carrousel – Quai-Voltaire | Horaires d'ouverture Le mardi, le jeudi, le samedi et le dimanche de 10 h à 20 h et le mercredi et le vendredi de 10 h à 22 h 30 | À savoir Serge Gainsbourg, mais aussi son père Joseph Gainsbourg ont tous les deux joué du piano chez Madame Arthur, un cabaret de Montmartre.

37 La maison de Victor Hugo

Bien plus qu'un écrivain de génie

La maison de Victor Hugo rend hommage à l'écrivain en mettant en scène des périodes de sa vie à travers des expériences décoratives. D'une personnalité riche et complexe, Victor Hugo se passionnait pour de nombreuses choses autres que la plume. Il était à la fois écrivain, décorateur, dessinateur, humaniste et homme politique. La maison révèle ses passions pour la décoration et le dessin, qui font de ce lieu un véritable sanctuaire de charme, de culture et de connaissance.

Victor Hugo résida dans cet appartement de 1832 à 1848. Toutefois, c'est pendant ses 18 ans d'exil qu'il développa son amour pour la décoration. L'écrivain avait le goût des choses anciennes : il adorait chiner et était un grand admirateur de la période antique et du style gothique. Il achetait armoires, coffres ou tables et s'amusait à les désassembler et à les transformer pour les détourner de leur but initial : une porte devenait une table, son bureau et son armoire étaient un assemblage de différents meubles… À travers ses inventions, on décèle la liberté d'esprit et la riche imagination de l'artiste. Pour lui, le décor et le dessin étaient des vecteurs mémoriels. Son fils, Charles, le résume parfaitement : « Autant Victor Hugo, dans son œuvre et ses pensées, est tourné vers le présent, autant dans ses goûts artistiques est-il tourné vers le passé. »

Le petit miroir aux oiseaux reflète toutes les facettes de sa personnalité : Victor Hugo le dessinateur, le décorateur, le poète, le grand-père, l'homme politique. Conçu pour son amante Juliette Drouet, à une période tumultueuse de sa vie où il est condamné par contumace pour avoir voté non au référendum de Napoléon, il dessina sur le miroir une barrière en bois, des fleurs, des feuilles et des oiseaux. Hugo y écrivit un poème dédié à son petit-fils, Petit Georges, évoquant la barrière qu'il avait érigée autour d'une fontaine pour protéger le jeune garçon. Ce miroir, empreint de tendresse et d'amour, est un reflet poignant de l'âme de l'écrivain.

Adresse 6 place des Vosges, 75004 Paris, tél. 01 42 72 10 16, www.maisonsvictorhugo.paris.fr | Transports en commun Métro 1/5/8, arrêt Bastille ; Métro 8, arrêt Chemin-Vert ; Bus 29/96, arrêt Place-des-Vosges | Horaires d'ouverture Du mardi au dimanche de 10 h à 18 h | À savoir Si vous avez une envie de livres dédiés aux richesses du patrimoine français, allez dévaliser la librairie de Sully, au 62 rue Saint-Antoine.

38 Le Mémorial de la Shoah
Témoignages de l'Holocauste

Dans un monde où les divisions, la montée de l'antisémitisme et le déni de l'Holocauste sont de plus en plus présents – quand les jeunes générations n'ignorent pas tout simplement son existence –, le travail du Mémorial de la Shoah et d'autres musées apparentés est plus que jamais nécessaire.

En 1943, le Centre de documentation juive contemporaine (CDJC) a commencé à collecter des preuves des persécutions envers le peuple juif. Alors que la libération de la France approchait, le CDJC a pris possession des dossiers de l'armée et de l'ambassade allemandes, de la Gestapo et du gouvernement de Vichy. Ces dossiers ont été ensuite utilisés lors des procès de Nuremberg et d'autres. À ce jour, le principal but de cette institution est de témoigner et d'éduquer les visiteurs.

L'exposition permanente raconte l'histoire des personnes juives en France et en Europe au travers de dossiers officiels, de photos, d'objets et de vidéos. Elle commence par une carte montrant l'étendue des populations d'Europe en 1929, accompagnée de la description de la société juive d'avant-guerre et de l'antisémitisme déjà existant. Avec des thèmes comme « La montée du nazisme », « De l'exclusion des Juifs aux premiers camps », « Les camps d'extermination », « Le pillage des juifs en France » ou encore « La Résistance », l'exposition documente l'épouvantable situation des juifs français à partir des années 30 et leur combat pour survivre. Des témoignages vidéo de survivants, comme celui de Simone Weil, permettent de mettre des visages sur l'histoire.

La découverte d'une telle brutalité peut être difficile, voire paralysante. C'est peut-être pour cela que le mémorial a choisi de terminer son exposition par une pièce lumineuse remplie de photos d'enfants français déportés. Il est impossible de ne pas s'émouvoir, ni même d'oublier, une fois que notre regard se pose sur les sœurs Asz, les jumeaux Perel ou les cinq jeunes enfants de la famille Waks, tous assassinés dans les camps.

Adresse 17 rue Geoffroy-l'Asnier, 75004 Paris, tél. 01 42 77 44 72, www.memorialdelashoah.org, contact@memorialdelashoah.org | Transports en commun Métro 1, arrêt Saint-Paul ; Métro 7, arrêt Pont-Marie ; Bus 67/72, arrêt Pont-Marie | Horaires d'ouverture Du lundi au vendredi de 10 h à 18 h (le jeudi jusqu'à 22 h) | À savoir Le Mémorial des martyrs de la déportation se trouve sur le site d'une ancienne morgue, près de la cathédrale Notre-Dame, et appelle à se souvenir de tous les déportés par le régime de Vichy dans des camps de concentration nazis.

39 MEP

La photographie de 1950 à nos jours

Réputée comme la capitale mondiale de la photographie, Paris a accueilli des figures emblématiques de la photographie, telles que Man Ray ou Germaine Krull. La création, en 1979, de l'association Paris Audiovisuel, à l'initiative d'Henry Chapier et de Jean-Luc Monterosso, est le parfait témoignage de cette effervescence. Elle est l'ancêtre de la Maison européenne de la photographie, inaugurée en 1996.

Seule institution uniquement dédiée à la photographie, la collection de la MEP se concentre sur la création internationale des années 50 à nos jours, avec la mission de placer la photographie contemporaine au cœur de tous les arts. Le fonds, qui compte 24 000 tirages, est le reflet de la diversité propre à la MEP, englobant photographies de mode, reportages, clichés documentaires et œuvres plasticiennes. Dans une dynamique constante, elle organise plusieurs expositions temporaires en parallèle : une rétrospective ou une exposition thématique ainsi qu'une exposition d'artistes émergents. L'institution a à cœur de présenter des collections aussi originales que pertinentes, avec des artistes venant de continents et d'horizons différents, tout en abordant des thématiques contemporaines, comme l'intimité mise en avant dans l'exposition « Love Song ». Les expositions sont l'occasion de montrer des photographies d'une manière originale, de solliciter la participation d'artistes et d'encourager les collaborations artistiques. Les artistes exposés pour les rétrospectives sont choisis pour leur notoriété internationale, sans pour autant avoir déjà fait l'objet d'une rétrospective dédiée dans la capitale.

Par ailleurs, la MEP expose un artiste émergent toutes les 6 semaines. L'une de ses missions phares se traduit par l'attribution d'un espace de diffusion aux photographes en devenir ou sur la voie de la reconnaissance. La MEP se positionne également comme un centre de recherche doté d'une bibliothèque de plus de 30 000 ouvrages, tout en proposant une programmation culturelle.

Adresse 5-7 rue de Fourcy, 75004 Paris, tél. 01 44 78 75 00, www.mep-fr.org | Transports en commun Métro 1, arrêt Saint-Paul ; Métro 7, arrêt Pont-Marie ; Métro 11, arrêt Hôtel-de-Ville ; Bus 69/76/96, arrêt Saint-Paul | Horaires d'ouverture Du mercredi au dimanche de 11 h à 20 h | À savoir Dans le village Saint-Paul, temple de l'objet insolite où seuls les piétons peuvent s'aventurer, vous trouverez des boutiques d'antiquaires et de créateurs (rue Saint-Paul, 75004 Paris).

40 La Monnaie de Paris
Un paradis pour les numismates

À la fin du XVIIIe siècle, Louis XV voulut centraliser la frappe et l'émission de la monnaie du pays en un lieu unique à Paris, marquant ainsi sa souveraineté. Jusqu'en 1973, toutes les pièces y étaient frappées. Aujourd'hui, la Monnaie de Paris produit des pièces commémoratives et autres objets de collection, fabriqués dans des ateliers visibles durant la visite du musée. Partez à la recherche de la pièce en or lydienne du VIe siècle avant J.-C., un bel exemple de l'utilisation des différents métaux dans la production de monnaie.

Presque tous les métaux – or, argent, platine, cuivre, bronze, étain ou encore nickel – ont été transformés en pièces au cours de l'histoire. Si vous aimez les vieilles pièces aux histoires incroyables, le musée possède des collections remarquables. Ne manquez pas le trésor de la rue Mouffetard, un ensemble de près de 3 500 pièces d'or trouvées dans les murs d'un immeuble parisien prêt à être démoli en 1938.

Le musée s'intéresse également à l'évolution de la technologie en matière de fabrication de monnaie. Les premières pièces demandaient un travail acharné. Un pochoir était placé entre deux dés, et un coup franc de marteau permettait de lui donner forme – mais pour obtenir une impression nette, il fallait taper pile au bon endroit, avec la juste force. Les presses à roue du début du XIXe siècle étaient plus précises, mais leur utilisation restait laborieuse. Lors de la révolution industrielle, des machines à vapeur, puis électriques permettaient une production de pièces par heure beaucoup plus importante. Des améliorations ont rendu la tâche de plus en plus facile, plus rapide et moins bruyante jusqu'aux machines actuelles hautement automatisées.

Après votre visite, vous pourrez acheter des pièces à la boutique de la Monnaie de Paris qui célèbrent l'histoire et la culture françaises, à des prix allant de quelques dizaines à des milliers d'euros.

Adresse 1 quai de Conti, 75006 Paris, tél. 01 40 46 55 00, www.monnaiedeparis.fr |
Transports en commun Bus 27/58/70/87, arrêt Pont-Neuf-Quai-des-Grands-Augustins |
Horaires d'ouverture Du mardi au dimanche de 11 h à 18 h (le mercredi jusqu'à 21 h) |
À savoir Le restaurant Guy Savoy, étoilé au *Guide Michelin*, se situe dans le même bâtiment
que la Monnaie de Paris.

41 Mundolingua
Décrypter l'histoire des langues et du codage

Pour une machine qui a influencé le cours de la Seconde Guerre mondiale, elle semble incroyablement petite. Derrière un rideau de grillage, dans un coin du Mundolingua, le musée des Langues, se trouve une authentique machine Enigma. Comme la plupart ont été détruites après la fin de la guerre, il est très rare d'en trouver des exemplaires aujourd'hui.

Enigma a joué un rôle crucial pendant la Seconde Guerre mondiale en cryptant des communications commerciales, diplomatiques et militaires allemandes. C'est grâce à l'ingéniosité de mathématiciens polonais, suivis par leurs homologues anglais, que les indéchiffrables codes de ces machines ont été percés, contribuant ainsi à abréger la durée du conflit. L'histoire fascinante d'Enigma, témoin des prouesses du codage et du cryptage, ne représente qu'une facette des multiples dimensions du langage explorées dans ce musée.

Mundolingua traite également des langues de manière thématique, chaque thème étant évoqué dans de multiples formes grâce à des supports multimédias ou des objets historiques, comme la pierre de Rosette ou un vieux phonographe d'Edison. Explorez l'arbre généalogique des langues et découvrez quelles sont les branches menacées de disparition, et celles déjà éteintes. Apprenez-en plus sur les origines linguistiques et culturelles des techniques d'écriture, du braille, des langues des signes et des jurons ; écoutez des prononciations de voyelles très similaires dans des zones géographiques différentes ; retrouvez dans quelle partie de notre tête ou de notre gorge se forment les sons ; examinez tous les objets technologiques hétéroclites formant une tour de Babel sur deux niveaux.

Ce qui semble, à première vue, être la visite rapide et agréable d'un musée des langues peut vite se transformer en une expérience fascinante de plusieurs heures afin d'explorer les nombreuses facettes de la culture et de la communication.

Adresse 10 rue Servandoni, 75006 Paris, tél. 01 56 81 65 79, www.mundolingua.org, contact@mundolingua.org | Transports en commun Métro 4, arrêt Saint-Sulpice ; Métro 10, arrêt Mabillon ; Métro 12, arrêt Sèvres-Babylone ; Bus 58/84/89, arrêt Sénat ou Musée-du-Luxembourg | Horaires d'ouverture Du samedi au mercredi de 10 h à 19 h, le jeudi et le vendredi sur rendez-vous | À savoir Prenez des cours de français ou assistez à l'un des nombreux événements culturels organisés par l'Alliance française, 101 boulevard Raspail.

42 Le musée de l'Air et de l'Espace

L'histoire de l'aviation française : une fierté

Le Bourget est le lieu idéal pour un musée dédié à l'aviation. En tant que premier aéroport commercial de France, Le Bourget illustre la contribution significative de la France à l'industrie aéronautique. En arrivant sur les lieux, vous serez frappé par la beauté de l'architecture Art déco avant d'embarquer pour un périple à travers les différentes époques de l'histoire de l'aviation.

Le Musée expose des avions comme le *Concorde*, ainsi que des vaisseaux spatiaux. Cependant, c'est le hall des Pionniers de l'air qui fait la spécificité du musée. En effet, la France s'est imposée comme précurseur de l'aviation grâce à ses dirigeables et à ses montgolfières : des paniers et nacelles, des illustrations ou encore un bidet en forme de montgolfière sont autant de témoignages de cette fascination précoce pour le ciel. De leur côté, les concepteurs d'avions et les pilotes français étaient également des pionniers dans les années précédant la Première Guerre mondiale. De fait, le musée est rempli de projets fantaisistes, mais susceptibles de voler, dont l'aéroplane Vuia de 1906, une « voiture avion », ou encore le délicat Demoiselle, imaginé par Alberto Santos-Dumont en 1908. Les concours ont motivé le développement de nouveaux appareils et l'émergence de héros français. Ainsi, le musée héberge un Blériot XI-2, une version à deux sièges de l'avion que Louis Blériot utilisa pour traverser la Manche en 1909, ainsi que le Morane-Saulnier G, piloté par Roland Garros pour traverser la Méditerranée entre la France et la Tunisie en 1913.

Parmi d'autres pièces, on trouve l'Antoinette VII de 1908, qui ressemble à une chaloupe ailée dotée d'un moteur massif sur le devant ; le Farman HF.20 de 1912, un baquet volant et le premier avion construit spécifiquement pour un usage militaire sans oublier le *Canard* d'Henri Fabre de 1910, le premier hydravion du monde.

Adresse 3 esplanade de l'Air-et-de-l'Espace, 93352 Le Bourget, tél. 01 49 92 70 62, www.museeairespace.fr | Transports en commun Bus 152, arrêt Le-Bourget | Horaires d'ouverture Du mardi au dimanche de 10 h à 18 h | À savoir Parmi les milliers de plaques commémoratives à Paris, celle du 299 boulevard Saint-Germain, dans le 7ᵉ arrondissement, fait mention de la dernière résidence de Louis Blériot.

43 Le musée des Années 30
Art et culture à l'entre-deux-guerres

Durant la période de l'entre-deux-guerres, Boulogne et Billancourt ont fusionné en une ville située en banlieue parisienne. Les pionniers de l'automobile et de l'aviation s'y installèrent, suivis d'artistes et d'architectes qui y aménagèrent leurs ateliers et leurs résidences. Le musée des Années 30 présente plusieurs courants artistiques de cette période, parmi lesquels l'Art déco, le cubisme, l'École de Paris et le modernisme.

La collection du musée comprend d'importantes œuvres de Jacques-Émile Ruhlmann, célèbre décorateur et créateur de meubles : ses meubles au design caractéristique, mais aussi certains de ses dessins et livres de référence personnels. Ruhlmann a joué un rôle majeur dans l'Exposition des arts décoratifs et industriels modernes de 1925, puisqu'il a été à l'origine du mouvement Art déco. Il a notamment créé des meubles en ébène, en ivoire ou en velours, vendus dans des magasins comme le Printemps. Le sculpteur Joseph Bernard, qui avait exposé son travail dans la galerie de Ruhlmann en 1924, s'est ensuite installé à Boulogne dans un atelier-boutique construit par Charles Plumet, l'architecte en chef de l'Exposition de 1925. En 1926, Ruhlmann créa un ensemble de meubles pour la maison de Bernard, située avenue Robert-Schuman. Pour ces pièces, il exclut les matériaux luxueux et utilisa du bois brut, sans incrustation ni marqueterie. Les seules décorations visibles sont des verrous en bronze, qu'il a lui-même sculptés.

Le musée possède également une collection d'œuvres d'artistes ayant voyagé dans les colonies françaises grâce à des prix ou à des bourses d'études, ainsi que des artistes indigènes. À l'initiative de Citroën, le peintre Alexandre Iacovleff accompagna des expéditions coloniales en Afrique et en Asie dans les années 20 et 30. Le musée expose également le travail d'artistes issus des colonies, afin de mettre en lumière cette part peu connue de l'histoire de l'art.

Adresse 26 avenue André-Morizet, 92100 Boulogne-Billancourt, tél. 01 55 18 53 00, www.boulognebillancourt.com/loisirs/culture/musees/musee-des-annees-30 | Transports en commun Métro 9, arrêt Marcel-Sembat ; Bus 126/175, arrêt Hôtel-de-Ville | Horaires d'ouverture Du mardi au dimanche de 11 h à 18 h | À savoir Un petit musée dédié au sculpteur franco-polonais Paul Landowski, connu pour sa statue monumentale du Christ Rédempteur de Rio de Janeiro, se situe dans le même bâtiment.

44 Le musée de l'Armée
Histoire militaire et instruments de musique

Les Invalides incarnent l'impressionnante histoire militaire de la France. Hôpital militaire qui accueillait les soldats des guerres napoléoniennes à l'origine, le bâtiment à la célèbre coupole dorée expose aujourd'hui des uniformes, des équipements militaires et des armes couvrant plusieurs siècles d'histoire. Des dioramas interactifs retracent le déroulement des batailles, des défaites et des victoires. L'exposition d'un plastron transpercé par un boulet de canon à Waterloo témoigne des ravages de la guerre. Vous ne serez pas étonné d'apprendre que les représentations de Napoléon sont omniprésentes. On y retrouve nombre d'objets historiques datant de son règne, notamment le célèbre portrait réalisé par Jean-Auguste-Dominique Ingres. L'église du Dôme, quant à elle, héberge le tombeau de l'empereur, ainsi que son mémorial.

Au milieu de tout ce faste se trouve une exposition plus confidentielle à ne pas manquer. Des instruments de musique, appartenant autrefois à des orchestres de l'armée française, sont exposés dans une pièce appelée « cabinets insolites ». Certains instruments sont facilement reconnaissables quand d'autres sont pour le moins étranges : quelques cuivres possèdent trop de valves pour être des trompettes ou des cors ou des pseudo bassons ne ressemblent en rien à ce que l'on pourrait trouver dans un orchestre moderne ! On remarquera aussi un trombone avec une énorme embouchure, qui lui donne un air de créature mythologique, ou des cuivres appelés « serpents », utilisés dans les églises et dans l'armée, qui adoptent les gracieuses courbes de l'animal. Ainsi, la question se pose : « Quels sons peuvent-ils bien faire ? » Pour le savoir, il vous suffit d'appuyer sur les boutons au numéro souhaité sur le panneau mis à disposition afin d'écouter un enregistrement. Vous pourrez comprendre pourquoi certains trombones ont six valves, et pourquoi le « serpent » ne siffle pas.

Adresse Hôtel national des Invalides, 129 rue de Grenelle, 75007 Paris, tél. 01 44 42 38 77, www.musee-armee.fr | **Transports en commun** RER C, arrêt Invalides ; Métro 8, arrêt La-Tour-Maubourg ; Métro 13, arrêt Saint-François-Xavier ou Varenne ; Bus 28, arrêt Invalides-La-Tour-Maubourg ; Bus 69, arrêt Esplanade-des-Invalides ; Bus 89/92, arrêt Vauban-Hôtel-des-Invalides | **Horaires d'ouverture** Tous les jours de 10 h à 18 h | **À savoir** Pour visiter tous les musées de Paris, vous aurez besoin d'une bonne paire de chaussures de marche. Rendez-vous chez Magfred Chaussures, dans la rue Cler, pour vous procurer des chaussures Mephisto confortables et produites en France.

45 Le musée d'Art et d'Histoire du judaïsme

La longue et riche histoire des juifs en France

L'histoire de la communauté juive est inextricablement liée à l'Holocauste. Néanmoins, l'hôtel historique de Saint-Aignan, qui a autrefois accueilli les boutiques de marchands ou d'artisans juifs issus de l'immigration, apporte aujourd'hui une compréhension bien plus fine du judaïsme. La première pièce de l'exposition atteste de la permanence de l'hébreu et de l'importance des traces écrites, mettant en lumière les principales traditions culturelles et religieuses, ainsi que la dispersion géographique de la communauté juive. Pour souligner l'ancienneté de la présence juive à Paris, on y trouve une importante exposition de stèles funéraires du XIIIe siècle provenant de l'un des cimetières juifs de la rive gauche. D'autres objets du musée remontent même au IIIe siècle. Chaque époque ou thème est agrémenté d'un panneau explicatif qui offre des informations détaillées sur la période concernée ou sur la tradition culturelle ou religieuse évoquée, ainsi que son importance et ses origines. Ces explications fournissent un contexte plus clair aux peintures, aux manuscrits et aux objets présentés, plus particulièrement pour le public non initié. Si vous n'êtes pas familier avec le *Soukkot*, par exemple, la partie sur le pèlerinage vous apprendra que la fête des Tabernacles commémore les 40 années passées à vivre dans le désert après l'exode d'Égypte.

Traditionnellement, les juifs mangent, jouent et dorment 7 jours durant dans une *sukkah*, une hutte temporaire avec un toit de branches, afin de voir le ciel. Le premier objet acquis par le musée est d'ailleurs un magnifique modèle du XIXe siècle, construit à partir de 36 panneaux de bois numérotés. Son intérieur est décoré de riches peintures : un paysage représentant Jérusalem, la campagne autour du lac Constance, une partie des Dix Commandements et un motif floral rappelant la moisson.

Adresse Hôtel de Saint-Aignan, 71 rue du Temple, 75003 Paris, tél. 01 53 01 86 60, mahj.org | **Transports en commun** RER A/B/D, arrêt Châtelet-Les-Halles ; Métro 1, arrêt Hôtel-de-Ville ; Métro 11, arrêt Rambuteau ; Bus 29/38, arrêt Centre-Georges-Pompidou ; Bus 75, arrêt Archives-Rambuteau | **Horaires d'ouverture** Le mardi, le jeudi et le vendredi de 11 h à 18 h, le mercredi de 11 h à 21 h, le samedi et le dimanche de 10 h à 19 h | **À savoir** Dans le Marais, promenez-vous autour de la synagogue Agoudas Hakehilos, de style Art nouveau, conçue par Hector Guimard en 1913.

46 Le musée d'Art moderne
Une autre approche de l'art moderne et contemporain

Le MAM est un musée construit sous la forme d'un palais à l'occasion de l'Exposition internationale de 1937. Récemment rénové, il a retrouvé son architecture originelle et abrite désormais des collections d'art moderne et contemporain, offrant un panorama des mouvements artistiques du XXe siècle jusqu'à nos jours. Bien qu'il mette en avant des figures emblématiques de l'histoire de l'art, le MAM s'attache à mettre en lumière des artistes moins renommés. S'éloignant d'une approche conventionnelle, il expose des œuvres atypiques, tout en soulignant le rôle prépondérant de Paris dans l'évolution récente des arts.

Plusieurs œuvres du musée sont intrinsèquement liées à son histoire. C'est le cas d'œuvres *in situ* rares, comme *La Danse inachevée* de Matisse, qui date de 1931. En 1930, l'artiste accepta la commande d'une décoration murale pour la fondation d'un milliardaire américain, le docteur Albert Barnes. Il releva un défi à la hauteur de son ambition en intégrant pour la première fois une œuvre monumentale dans une architecture autour du thème de la danse. Non satisfait par sa première version, Matisse en réalisa une seconde, *La Danse de Paris*. Mais celle-ci étant trop grande, il dut en refaire une troisième. En 1990, les héritiers de Matisse firent une découverte extraordinaire en retrouvant les éléments préparatoires destinés aux trois décors monumentaux de *La Danse inachevée*. Cette dernière et *La Danse* sont présentées dans le musée. *La Danse* est une composition de 11 aplats de gouache qui sont ensuite découpés. Cette œuvre présente des corps fractionnés de nymphes qui vous entraînent dans le rythme de la danse.

En outre, une œuvre à voir absolument est le Cabinet de Toroni. Cet espace conceptuel, créé dans une pièce exiguë du musée, offre une expérience de jeu entre espace et lumière. La sensation est celle d'entrer littéralement dans une œuvre d'art.

Adresse 11 avenue du Président-Wilson, 75116 Paris, tél. 01 53 67 40 00, www.mam.paris.fr | Transports en commun Métro 9, arrêt Alma-Marceau ou Iéna ; Bus 32/82, arrêt Iéna ; Bus 42/80/92, arrêt Alma-Marceau ; Bus 72, arrêt Musée-d'Art-Moderne-Palais-de-Tokyo | Horaires d'ouverture Du mardi au dimanche de 10 h à 18 h | À savoir Faites une pause chez Carette, installé depuis 1927 sur la place du Trocadéro. C'est une véritable institution, connue pour ses macarons.

47 Le musée des Arts décoratifs

Conservatoire du génie des artisans et des artistes

Situé dans le palais du Louvre, le musée des Arts décoratifs est né de la passion de collectionneurs, d'industriels et d'artisans soucieux de la qualité des objets de la vie quotidienne. Forte d'une histoire de plus de 150 ans, la collection, l'une des plus prestigieuses au monde, présente toute la production artistique du Moyen Âge à nos jours, sous tous ses aspects : mobilier, verre, céramique, jusqu'à la publicité. Réputé pour ses *period rooms*, le musée a récemment réaménagé et enrichi son fonds d'Art nouveau, mettant en lumière la révolution qui s'est opérée en France autour de 1900 dans la création d'objets et la décoration intérieure.

Ce qui singularise cette collection par rapport à d'autres est son accent sur l'Art nouveau français, dévoilant des œuvres d'artistes introuvables ailleurs. Elle réunit des ensembles mobiliers, de la vaisselle ou des pièces d'orfèvrerie, mais aussi des tableaux, des vitraux, des papiers peints et des affiches. L'Art nouveau accordait une place primordiale au décor intérieur, pensé comme le lieu de réalisation et d'épanouissement de l'homme et de la femme modernes. Il a été influencé par deux sources d'inspiration : tout d'abord, la réouverture du Japon à partir de 1850, qui a engendré une véritable révolution chez les artistes français qui ont découvert de nouvelles manières de créer et qui ont porté un nouveau regard sur la nature. En parallèle, il puisait également son inspiration dans la tradition classique française du XVIIIe siècle, en particulier le style Louis XV et son style rocaille. Cette influence est manifeste dans les œuvres de Majorelle, qui s'en est inspiré pour donner vie à des chefs-d'œuvre de marqueterie.

Le parcours montre que sur une période très courte de 1900 à 1905, une diversité impressionnante de production a vu le jour, pouvant surprendre avec l'idée que l'on a de l'Art nouveau français.

Adresse 107 rue de Rivoli, 75001 Paris, tél. 01 44 55 57 50, www.madparis.fr | Transports en commun Métro 1/7, arrêt Palais-Royal-Musée-du-Louvre ; Bus 21/69/72, arrêt Palais-Royal-Musée-du-Louvre | Horaires d'ouverture Du mardi au dimanche de 11 h à 18 h | À savoir Faites une promenade hors du temps à la superbe galerie Vivienne, construite en 1823 et inscrite aux monuments historiques. Elle se situe 4 rue des Petits-Champs.

48__Le musée des Arts et Métiers

Échos du passé

La salle de l'écho du musée des Arts et Métiers est directement liée à l'ancien prieuré de Saint-Martin-des-Champs et, plus étrange, à la gare de Grand Central Terminal de New York. Tout comme le hall situé devant l'Oyster Bar de Grand Central, la salle de l'écho est dotée d'un plafond voûté. Ainsi, lorsqu'une personne se place face au mur dans un coin de la pièce et qu'une autre se trouve du côté opposé, chacune peut entendre les propos de l'autre. À la différence de Grand Central, l'acoustique de la salle parisienne s'explique par son usage premier, puisqu'elle faisait partie de l'église adjacente. Au début, elle était utilisée comme confessionnal pour les lépreux, qui confiaient leurs péchés à un prêtre situé à l'angle opposé. La salle héberge aussi le fardier de Cugnot, un vestige des débuts de l'ingénierie française, qui contribue à la popularité du musée. Construite en 1769, soit plus d'un siècle avant le premier moteur à combustion, cette charrette à trois roues a été conçue pour servir de véhicule militaire et transporter des charges lourdes. L'immense réservoir à eau, placé à l'avant, contrôlait un moteur à vapeur qui propulsait le véhicule. Peu maniable et ne parcourant que 4 kilomètres par heure, cette machine à propulsion a le mérite d'avoir été inventée dès le milieu du XVIIIe siècle ! Au même titre que l'Avion n° 3, une création de Clément Ader d'après la structure des chauves-souris de 1897 siégeant non loin, le fardier de Cugnot illustre bien à quel point les ingénieurs français étaient en avance sur leur temps.

La salle de l'écho est un espace extraordinaire dans un musée qui nécessite plusieurs visites pour en apprécier toutes les merveilles, dont le pendule de Foucault, un laboratoire de chimie ancien, des moteurs du XIXe siècle, des machines volantes françaises, un lion en verre, une salle remplie de modèles architecturaux et une réplique à échelle réduite de la statue de la Liberté.

Adresse 60 rue Réaumur, 75003 Paris, tél. 01 53 01 82 63, www.arts-et-metiers.net |
Transports en commun Métro 3/11, arrêt Arts-et-Métiers ; Métro 4, arrêt Réaumur-
Sébastopol ; Bus 20/38/75, arrêt Arts-et-Métiers | Horaires d'ouverture Du mardi au jeudi
de 10 h à 18 h, le vendredi de 10 h à 21 h, le samedi et le dimanche de 10 h à 18 h | À savoir
Le quai de l'arrêt Arts-et-Métiers, sur la ligne 11 du métro, est empreint d'une atmosphère
steampunk, telle une réminiscence de la machinerie industrielle du XIXᵉ siècle que l'on peut
observer dans le musée.

49 — Le musée des Arts forains

Venez à la fête foraine !

La musique accompagne toute la visite du musée des Arts forains, vous invitant à découvrir le monde des spectacles itinérants de la fin du XIXᵉ siècle. La visite démarre par le grand orgue. Destiné à être entendu à près de 4 kilomètres, il enjoignait les locaux à rejoindre un bâtiment temporaire où l'on pouvait trouver manèges, spectacles et jeux – le tout animé par la fée électricité.

Le musée se trouve dans les anciens entrepôts de vin de Bercy. Passez devant les Vénus ailées à l'entrée, et profitez du spectacle de dizaines de personnages sculptés, d'une scène de carnaval vénitien et d'automates chantant de l'opéra avec des voix à briser du verre. Une *spiegeltent*, appelée « The Magic Mirror », promet de la musique et de la danse. Étonnamment, il est possible de jouer aux jeux exposés et de monter sur les manèges ! Le carrousel est constitué de chevaux venant de France ou d'Allemagne. Un jeu de bowling permet aux visiteurs de s'affronter autour d'une course de garçons de café parisiens. Le joueur qui parvient à obtenir de gros scores verra son serveur, affublé d'un plateau de boissons et d'une serviette, avancer vivement le long de la piste jusqu'à gagner la course.

Une autre attraction très populaire est un manège de bicyclettes métalliques. Pour beaucoup de visiteurs du XIXᵉ siècle, c'était là leur toute première occasion de faire du vélo ! Vous pouvez profiter de l'excitation provoquée par un manège dont la vitesse est contrôlée par le pédalage des cyclistes. Si vous commencez à avoir la tête qui tourne, criez, et une sonnette avertira vos compagnons de route de ralentir. Avant de sortir, rendez hommage à monsieur « Tête à Claques », dont la tête est faite de cuir, avec une balance au sommet du crâne. Ce visage triste a subi bien des déboires. Les visiteurs lui envoyaient leur poing dans la figure, et la balance mesurait la force de leurs coups.

Adresse 53 avenue des Terroirs-de-France, 75012 Paris, tél. 01 43 40 16 22, arts-forains.com, infos@pavillons-de-bercy.com | Transports en commun Métro 14, arrêt Cour-Saint-Émilion ; Bus 24/109/111, arrêt Terroirs-de-France | Horaires d'ouverture Visites guidées uniquement sur réservation | À savoir Après votre visite au musée, profitez du quartier pour aller faire du shopping, manger ou acheter du thé au centre commercial en plein air de Bercy Village.

50 Le musée Belmondo

De belles sculptures dans un cadre magnifique

Paul Belmondo, sculpteur néo-classique, a grandi à Alger avant de déménager à Paris dans les années 20. Avant la guerre, il a remporté plusieurs prix pour son travail et a rejoint l'École nationale des Beaux-Arts. Il est ensuite devenu membre de l'Institut de France. Sa famille a fait don de sa collection à la commune de Boulogne-Billancourt, qui a ouvert un musée dans le château de Buchillot et ses jardins en 2010.

Le musée propose une visite de l'œuvre de Belmondo, en commençant par la reconstitution de son atelier. L'espace intérieur, partie intégrante de l'expérience, met en valeur ses œuvres. Les espaces baignés de lumière et les murs peints en blanc soulignent les contours des sculptures de pierre, taillées selon la méthode de la taille directe – un travail direct du matériau, sans passer par un modèle réduit. Le sujet de prédilection de Belmondo était le nu féminin ; les entrées des salles et couloirs ont été conçues pour guider le regard vers les sculptures et leurs placements dans l'espace. Des niches peintes en noir intégrées aux murs encadrent les bustes et autres sculptures en attirant l'attention vers le haut.

Le couloir du premier étage, le haut de la cage d'escalier et le dernier étage proposent des œuvres à échelles différentes et dans des matériaux divers. Ces espaces sont ornés de lambris de bois précieux, avec des étagères en quinconce, et révèlent des bustes – souvent en pierre, mais également des études en plâtre. Cette disposition permet de mettre en valeur les œuvres plus petites. Sous l'avant-toit du dernier étage sont présentés une vaste collection de médaillons de Paul Belmondo, des bas-reliefs miniatures, ainsi que des croquis à l'aquarelle rangés dans des tiroirs coulissants.

C'est une atmosphère sereine qui se dégage de l'ensemble de ce musée, avec une manière plutôt inhabituelle de présenter le travail d'un artiste.

Musée
Paul
Belmondo

VILLE DE
BOULOGNE-
BILLANCOURT

Adresse 14 rue de l'Abreuvoir, 92100 Boulogne-Billancourt, tél. 01 55 18 69 01,
www.boulognebillancourt.com/loisirs/culture/musees/musee-paul-belmondo | Transports
en commun Métro 10, arrêt Boulogne-Jean-Jaurès ; Bus 123, arrêt Église-de-Boulogne |
Horaires d'ouverture Du mardi au vendredi de 14 h à 18 h, le samedi et le dimanche de
11 h à 18 h | À savoir Ouvrez l'œil pour repérer deux belles statues de Paul Belmondo,
Jeannette et *Apollon*, dans la partie du jardin des Tuileries nommée « grand couvert ».
Elles se situent près des trampolines pour les enfants.

51 Le musée Bourdelle

Rénovateur de la sculpture du XXe siècle

Au cœur de Montparnasse, le musée Bourdelle est l'un des derniers témoignages de ces cités d'artistes parisiennes qui fleurissaient à la fin du XIXe et au début du XXe siècle. Sculpteur d'*Héraklès archer* et créateur des façades du théâtre des Champs-Élysées, Antoine Bourdelle a vécu, travaillé et enseigné dans ce lieu de 1885 à sa mort en 1929. Son œuvre est marquée par la Grèce antique, où le mythe est omniprésent, et par une importance majeure accordée aux lois architecturales, le faisant se démarquer de ses pairs. Avec son *Héraklès archer*, Bourdelle s'est affirmé comme un précurseur dans le renouveau de la sculpture du XXe siècle.

Cet Hercule est le témoignage de l'importance qu'Antoine Bourdelle accordait à l'Antiquité. L'œuvre, créée en 1909, enthousiasma aussi bien la critique que le public ; elle fascine encore aujourd'hui. Elle reflète également sa volonté d'indépendance face à son maître, Rodin, pour qui il travailla. La puissance du corps sculpté, la tension extrême dans la force du buste et du bras, la contraction du genou et de la jambe, et l'équilibre parfait des pleins et des vides en font une construction virtuose. Ses figures expriment l'essence du masculin et du féminin. En opposition à la force de la figure masculine, ses sculptures de femmes, comme *Pénélope*, intime et monumentale, sont une synthèse des femmes que Bourdelle a aimées. Sa passion pour l'architecture est révélée avec cette œuvre sculptée à l'image d'une colonne dorique, mais avec un mouvement de hanches et des formes généreuses, dont les plis de tissus suggèrent toute la sensualité. Ses yeux clos et la tête appuyée sur sa main nous font comprendre la douleur de l'attente amoureuse.

Le musée offre l'opportunité d'admirer ses œuvres monumentales, tant dans son vaste hall qu'au sein de ses jardins. L'atelier et sa maison, conservés dans leur état d'origine, témoignent également du talent de Bourdelle comme peintre.

Adresse 18 rue Antoine-Bourdelle, 75015 Paris, tél. 01 49 54 73 73, www.bourdelle.paris.fr |
Transports en commun Métro 4/6/12/13, arrêt Montparnasse-Bienvenüe ; Bus 89, arrêt
Maine-Vaugirard ; Bus 58/91/92, arrêt Gare-Montparnasse | **Horaires d'ouverture** Du
mardi au dimanche de 10 h à 18 h | **À savoir** Explorez l'Espace Frans Krajcberg, un lieu
d'exposition qui présente, de façon permanente, les œuvres de Frans Krajcberg, artiste et
militant pour la planète, au 21 avenue du Maine.

52 Le musée Carnavalet
La mémoire de Paris

Des restaurations récentes ont permis au musée Carnavalet de présenter l'histoire de Paris de façon chronologique, depuis l'ère mésolithique jusqu'à nos jours. D'autres ajouts très pertinents ont été effectués, dont des panneaux multilingues installés à différents niveaux sur les murs, de petits ballons rouges pour les informations dédiées aux enfants et des indications en braille. En résulte une fascinante collection hébergée dans un espace lumineux et accueillant.

La prise de la Bastille, le 14 juillet 1789, est considérée comme l'origine de la Révolution française. Au même titre que le serment du Jeu de paume, la Déclaration des droits de l'homme et l'exécution de Louis XVI et de Marie-Antoinette, la Bastille reste le symbole de toute une série de bouleversements politiques et sociaux. Peu après la chute de la prison, des objets de collection, des publications et d'autres représentations théâtrales du bâtiment ont été inventés, participant à la symbolisation du lieu et de l'événement. Un grand nombre de ces objets sont exposés dans les pièces couvrant la période révolutionnaire. L'échelle de corde, dont l'écrivain Jean Henri Latude se serait supposément servi pour s'échapper de prison, est disposée sous le portrait de celui-ci, sur lequel on aperçoit la même échelle. Parmi les autres objets exposés figurent des clés de cellules, des serrures ou encore des fers de détenus.

L'objet le plus intrigant de cette collection est probablement une maquette en pierre de la Bastille pendant sa démolition. Cette dernière a été confiée au constructeur et entrepreneur Pierre-François Palloy, qui utilisa cette opportunité pour créer une série de produits dérivés à partir des matériaux récupérés, vendus comme reliques. Il commanda 83 copies à l'échelle de la Bastille, sculptées dans sa pierre. Ces maquettes furent ensuite distribuées à travers la France, et montrent que même les révolutions ont leurs objets souvenirs.

Adresse 16 rue des Francs-Bourgeois, 75003 Paris, tél. 01 44 59 58 58, www.carnavalet.paris.fr | Transports en commun Métro 1, arrêt Saint-Paul ; Métro 8, arrêt Chemin-Vert ; Bus 29, arrêt Payenne ; Bus 69/76/96, arrêt Saint-Paul | Horaires d'ouverture Du mardi au dimanche de 10 h à 18 h | À savoir Cherchez les médaillons dorés qui marquent l'emplacement d'origine de la prison, situés sur le trottoir entre la rue de la Bastille et la rue Saint-Antoine, côté ouest de la place de la Bastille.

53_Le musée Cernuschi

La collection d'art asiatique d'un visionnaire

Situé au cœur du quartier de la Plaine-Monceau et installé dans l'hôtel particulier construit en 1873 pour Henri Cernuschi, le musée Cernuschi est une invitation au voyage.

Ce financier d'origine italienne acheta une parcelle de terrain dans le quartier de la Plaine-Monceau, alors en pleine expansion, et demanda à son architecte une demeure à son image. Visionnaire, il avait pour idée la création d'une maison-musée, afin d'abriter sa collection d'objets venus du bout du monde – plus de 5 000 pièces qu'il avait ramenées d'Asie de 1871 à 1873. Soucieux de partager ses trésors, il ouvrit sa maison au public dès 1875, jouant souvent le rôle de guide pour des visiteurs de renom, tels que Gustave Moreau et Émile Zola.

À sa mort, Cernuschi légua cette demeure et son inestimable collection à la Ville de Paris. Les salles, récemment réaménagées, captent l'atmosphère intime et chaleureuse du lieu. Un espace est dédié à l'histoire de la collection d'Henri Cernuschi, débutée lors de son séjour en Asie. Le Japon fut sa première étape, puis la Chine, Ceylan et l'Inde, d'où il expédiait vers Paris des caisses contenant plusieurs milliers d'objets. Parmi eux, le Bouddha de Meguro, qu'il qualifia de « trouvaille sans pareille ». Il passa d'une région à l'autre sans jamais rester plus de 3 mois dans le même pays. Sa collection exerça une forte fascination chez les artistes de l'époque, comme chez les créateurs de manufactures.

Une autre partie du musée présente une vaste perspective sur les arts de la Chine depuis la Préhistoire jusqu'au XXIe siècle, en passant de dynastie en dynastie. On peut y admirer des bronzes archaïques exceptionnels et des céramiques exquises. Enfin, le musée élargit son horizon en couvrant d'autres régions de l'Asie orientale et propose régulièrement des expositions temporaires, invitant les visiteurs à de nouvelles explorations culturelles.

Adresse 7 avenue Vélasquez, 75008 Paris, tél. 01 53 96 21 50, www.cernuschi.paris.fr |
Transports en commun Métro 2, arrêt Monceau ; Métro 2/3, arrêt Villiers ; Bus, 20/30/93,
arrêt Malesherbes-Courcelles ; Bus 84, arrêt Ruysdaël-Parc-Monceau | Horaires d'ouverture
Du mardi au dimanche de 10 h à 18 h | À savoir Le musée Cernuschi donne sur le parc
Monceau. Sa construction remonte au XVIIIᵉ siècle, sous l'impulsion du duc de Chartres.
Il est l'un des plus élégants jardins de Paris.

54 Le musée de la Chasse et de la Nature

Un musée plein de charme et surprenant

Vous n'aimez pas la chasse ? Osez tout de même pousser la porte de ce musée insolite, au charme insoupçonné. Il est vrai que l'on ne sait pas trop à quoi s'attendre, car, bien loin d'être ordinaire, le musée de la Chasse et de la Nature s'apparente plutôt à une maison accueillante, remplie de curiosités et d'œuvres extraordinaires. Chaque pièce, chaque recoin regorge de merveilles : l'escalier d'honneur, les salons, les tableaux, les armes de chasse, les animaux naturalisés, les faïences, les objets insolites… Tout cela niché dans les hôtels particuliers de Guénégaud (du XVIIe siècle) et de Mongelas (du XVIIIe siècle), situés dans le quartier historique du Marais. Le lieu est magique.

Les collections, mises en scène comme un conte de fées, illustrent les rapports de l'homme à la nature à travers les XVIIe et XVIIIe siècles. La chasse est ici présentée dans son aspect artistique. Les armes, par leur finesse et leur beauté, ressemblent davantage à des objets d'art qu'à des outils de mort – d'ailleurs, nombre d'entre elles n'ont jamais été conçues pour la pratique. Le musée abrite aussi un fascinant cabinet de curiosités, où l'on trouve une peluche étrange, conservée dans un bocal, ou encore un coq doté de cornes. Ce musée recèle de trésors qui suscitent questionnements et surprise, tout en nous laissant nous interroger sur les limites du réel et de l'imaginaire. Le musée ne se prend pas au sérieux. C'est là tout son secret. Ainsi, les surveillants de salle n'hésitent pas à interpeller les visiteurs pour pointer un détail qu'ils allaient probablement manquer. Il organise également des expositions temporaires d'art contemporain, qui dialoguent de façon surprenante et magnifiquement bien avec les œuvres plus anciennes – elles rappellent ainsi que le lien entre chasse et art reste d'actualité. Un musée à découvrir, à voir et à revoir par les jeunes et les moins jeunes, et avec le même enthousiasme.

Adresse 62 rue des Archives, 75003 Paris, tél. 01 53 01 92 40, www.chassenature.org |
Transports en commun Métro 11, arrêt Rambuteau ; Bus 29/75, arrêt Archives-
Haudriettes | Horaires d'ouverture Du mardi au dimanche de 11 h à 18 h | À savoir
Une pause chez la mythique pâtisserie lilloise Méert, 16 rue Elzévir, est bien méritée. Les
merveilleuses gaufres à la vanille Bourbon étaient la douceur préférée du général de Gaulle.

55__Le musée Clemenceau
Éditeur, collectionneur, aventurier et homme d'État

Vous connaissez probablement Georges Clemenceau en tant que Premier ministre ayant négocié le traité de Versailles. Ou bien vous vous rappelez ses visites sur le front pendant la Première Guerre mondiale, vêtu de son manteau et de son chapeau. Peut-être avez-vous entendu parler de la loi de 1905 sur la séparation de l'Église et de l'État ? Le musée Clemenceau est un hommage à ce grand homme.

Dans cette maison-musée, vous aurez l'impression de plonger dans l'univers de Clemenceau. Le premier étage retrace l'histoire de l'homme d'État avec des séries de dates, d'événements et d'accomplissements notoires. Il était grand voyageur, a visité l'Amérique du Sud, puis a fait un tour de l'Asie à 80 ans passés. Il a aussi vécu aux États-Unis et a été journaliste, période durant laquelle il édita plusieurs journaux. Il fut également celui qui publia la lettre ouverte d'Émile Zola : « J'accuse… ! », en tant que rédacteur en chef de *L'Aurore*. Et bien évidemment, il fut politicien, officiant à l'Assemblée nationale, et nommé deux fois Premier ministre.

Au rez-de-chaussée, sa résidence a été laissée presque en l'état. Les 4 000 livres qu'il possédait sont toujours alignés dans la bibliothèque et sur les étagères du couloir, auprès d'œuvres et de photographies de ses amis Claude Monet et Auguste Rodin. L'immense bureau en « u », situé dans la bibliothèque, est toujours veillé par son bouddha, accompagné de théières et d'autres objets, tous à leur place originelle.

Dans la chambre, les chaussons attendent près du lit, et sa robe de chambre est posée sur une chaise à proximité. À l'autre bout de la pièce se trouve un petit bureau où l'on peut l'imaginer rédiger des lettres ou des pièces de théâtre. Son encrier, son bol de sable (il n'utilisait jamais de papier buvard) et des chinoiseries diverses sont restés là, comme en suspens. Un calendrier est ouvert à la date de son décès, en 1929.

Adresse 8 rue Benjamin-Franklin, 75116 Paris, tél. 01 45 20 53 41, www.musee-clemenceau.fr, info@musee-clemenceau.fr | Transports en commun Métro 6, arrêt Passy ; Métro 6/9, arrêt Trocadéro ; Bus 32, arrêt Scheffer | Horaires d'ouverture Du mardi au samedi de 14 h à 17 h 30 | À savoir Le jardin Clemenceau, imaginé par Alphonse Alphand en 1859 et situé près du Petit Palais, abrite une statue de l'homme d'État.

56 Le musée de Cluny

Le monde fantastique du Moyen Âge

Le Moyen Âge n'a pas toujours bonne presse. On l'associe souvent aux maladies, aux guerres, à la pauvreté… Pourtant, on aurait bien tort de le réduire à ces images, comme vous le prouve le musée de Cluny, récemment rénové. Le Moyen Âge est un monde fantastique, rempli de mystères et d'histoires incroyables. Le collectionneur Alexandre Du Sommerard connaissait la beauté de cette époque et en fit sa passion. Il établit sa résidence dans l'hôtel de Cluny, et y accumula un ensemble de plus de 1 500 objets. C'est grâce à sa vision que le musée a vu le jour, offrant un aperçu de 1 000 ans d'histoire depuis l'Antiquité gallo-romaine jusqu'aux prémices de la Renaissance.

Au Moyen Âge, on savait raconter les histoires sans pour autant utiliser les textes, mais plutôt en passant par des représentations sur des objets divers, des tapisseries, comme la célèbre *Dame à la licorne*, aux coffrets en ivoire sculptés. Parmi les chefs-d'œuvre du musée, un coffret en ivoire, *L'Assaut du château d'amour*, représente des scènes d'amour courtois. Des femmes défendent un château avec des fleurs contre l'assaut de chevaliers. Cette scène est enrichie d'autres représentations autour de la boîte, dont l'histoire d'Aristote, tourné en dérision par l'amoureuse d'Alexandre le Grand, ou encore de Tristan et Iseut épiés à la fontaine par le roi Marc.

Les artistes de l'époque avaient aussi le goût des représentations symboliques. On dit souvent qu'ils ne savaient pas dessiner, ce qui est faux, mais ils ne se préoccupaient pas de ressemblance. Le tableau de la Vierge allaitant l'enfant dépeint le Christ comme un adulte miniature. L'enfant est Dieu ; donc, selon les artistes de l'époque, ils ne pouvaient pas le représenter comme un enfant fragile. La magie de l'art médiéval était d'utiliser un système de composition qui laissait libre cours à une multiplicité d'interprétations. Au visiteur d'observer les œuvres d'art avec un œil nouveau puis de tenter de les déchiffrer.

Adresse 28 rue Du-Sommerard, 75005 Paris, tél. 01 53 73 78 00, www.musee-moyenage.fr | Transports en commun Métro 4, arrêt Saint-Michel ou Odéon ; Métro 10, arrêt Cluny-La-Sorbonne ; Bus 63/86/87, arrêt Cluny | Horaires d'ouverture Du mardi au dimanche de 9 h 30 à 18 h 15 | À savoir Visitez l'église Saint-Étienne-du-Mont, place Sainte-Geneviève. Elle possède un jubé de pierre finement sculpté du XVIe siècle, un des derniers existant à Paris.

57 Le musée Cognacq-Jay
Un monde de légèreté et d'insouciance

La collection du musée Cognacq-Jay est le témoignage de la passion d'un couple de collectionneurs du XIXe siècle pour l'art et la culture du XVIIIe siècle. Elle est le reflet d'un goût, mais également d'une fascination de l'époque pour les styles du passé. L'art du XVIIIe siècle était alors un symbole du luxe à la française. La collection des Cognacq-Jay dévoile toute la quintessence du quotidien des élites de l'époque. Avec son goût léger, voire libertin, ce siècle évoque une époque raffinée, en quête de sensations nouvelles.

La collection rassemble mobilier, peintures et arts décoratifs. Les meubles précieux cohabitent avec des tableaux représentant souvent des scènes de genre, dans un style très féminin. Hubert Robert, artiste peintre emblématique du XVIIIe siècle, proposait une vision idéalisée de la période ; tandis que Fragonard apportait la sensualité. Quant aux meubles, ils sont de pures merveilles, avec des tiroirs cachés et une multitude de détails qui aiguisent la curiosité.

Parmi les particularités de la collection, on trouve des objets de vertu. En effet, plus de 200 objets réunis constituent l'une des collections les plus importantes de France. Ces petits chefs-d'œuvre d'invention et de fantaisie sont précieux et raffinés. L'époque en raffolait : ils étaient offerts en gage d'amitié, d'amour ou de souvenir, fréquemment accompagnés de messages. Ils sont en or, en émail enrichi de pierres précieuses, de nacre ou d'ivoire. Objets d'usage ou de collection, on peut découvrir une boîte à mouche (ne pensez pas à l'insecte, mais à ces petits points noirs en taffetas que les femmes s'appliquaient sur le visage), un carnet de bal, un nécessaire à écrire, à coudre, une boîte à tabac, un pistolet à parfum. Ils sont les témoins des pratiques sociales de l'époque.

La magnifique collection réunie par le couple Cognacq-Jay nous transporte dans un monde d'élégance, de fantaisie et de coquetterie si typique du XVIIIe siècle.

Adresse 8 rue Elzévir, 75003 Paris, tél. 01 40 27 07 21, www.museecognacqjay.paris.fr | Transports en commun Métro 1, arrêt Saint-Paul ; Bus 29, arrêt Turenne-Saint-Gilles ; Bus 69/76/96, arrêt Saint-Paul | Horaires d'ouverture Du mardi au dimanche de 10 h à 18 h | À savoir Découvrez l'un des secrets les mieux gardés de la capitale : le passage de l'Ancre. Situé 223 rue Saint-Martin, c'est un véritable havre de paix, au charme sans égal, installé dans le 3e arrondissement.

58 Le musée du Compagnonnage

Excellence et savoir-faire français

L'artisanat français incarne un art de vivre qui émerveille à l'étranger, synonyme de luxe et d'élégance. Il est ancré dans l'histoire de la nation. Tradition multiséculaire, gage de l'excellence et du savoir-faire français, le compagnonnage est une pratique méconnue. Les compagnons sont les héritiers des grands bâtisseurs de cathédrales. Le musée-librairie du Compagnonnage, installé dans l'ancien siège des compagnons charpentiers du Devoir de liberté, vous transporte dans ce monde mystérieux. Clou de la visite, un compagnon bénévole vous fera découvrir les merveilles de ce lieu tout en partageant les mystères de cette tradition.

En 2010, le compagnonnage a été inscrit sur la liste représentative du patrimoine culturel immatériel de l'UNESCO. Le principe du compagnonnage est d'assurer une éducation tant professionnelle que morale à des jeunes après leur apprentissage d'un métier manuel lié à la transformation de la matière, comme tailleur de pierre ou charpentier… Ses origines ne sont pas claires. Liée aux associations de métier qui s'organisèrent dès le XIIIe siècle, la formule compagnonnique apparaît à partir du XVe siècle, avant de se développer vers la fin du XVIIe.

L'esprit du compagnonnage s'exprime par ses valeurs : une volonté de perfection, la découverte des techniques (au cours du « tour de France »), des coutumes séculaires, des symboles, des rites et des légendes. C'est ce que les compagnons appellent « le devoir ». Lors de la visite, on découvre des chefs-d'œuvre, mais aussi des outils dont l'utilisation demeure parfois énigmatique sans les précisions d'un initié. Des photographies de l'après-guerre témoignent de leurs traditions, comme les concours d'œuvres que les compagnons exposaient dans la rue ou la création de maquettes extraordinaires. Toutefois, le plus fascinant, c'est de découvrir le parcours et la passion d'un compagnon.

Adresse 10 rue Mabillon, 75006 Paris, tél. 01 43 26 25 03,
www.compagnonsdutourdefrance.org | Transports en commun Métro 4, arrêt Saint-
Germain-des-Prés ; Métro 10, arrêt Mabillon ; Bus 63/70/86/87/96, arrêt Seine-Buci |
Horaires d'ouverture Le mardi et le vendredi de 14 h à 18 h (fermé en juillet et en août) |
À savoir Aux Arts et Sciences Réunis est le restaurant des compagnons charpentiers. Une
salle abrite des chefs-d'œuvre monumentaux du XIXᵉ siècle (161 avenue Jean-Jaurès,
75019 Paris).

59 Le musée de la Contrefaçon

Est-ce que tout est faux ?

Lorsqu'on entend le terme « contrefaçon », on pense immédiatement aux faux sacs Vuitton, aux imitations de Rolex, aux reproductions de peintures de Rembrandt, ou encore aux faux billets de 100 dollars. Le musée de la Contrefaçon, tenu par l'Union des fabricants, vous montre que le problème va bien au-delà. Aujourd'hui, presque tout produit risque d'être imité et vendu dans le monde entier. Cette nouvelle route de la soie du faux commence en Asie de l'Est et se poursuit vers l'Ouest par rail, par route ou par mer.

L'Union des fabricants a été créée au XIXe siècle afin de lutter contre les contrefaçons de produits pharmaceutiques allemands. Aujourd'hui, elle se donne pour mission de protéger la propriété intellectuelle et de réguler les marchés. Le musée, lui, a pour vocation d'éduquer le public sur l'ampleur du problème. La visite démarre par une définition de la contrefaçon : une violation des droits de propriété intellectuelle par la reproduction, l'imitation ou l'utilisation d'un logo ou d'une marque sans l'accord du créateur ou du propriétaire. Il existe plusieurs catégories de contrefaçons : certaines sont des copies grossières et assumées quand d'autres sont suffisamment ressemblantes pour laisser penser qu'il s'agit d'un produit original. Le musée expose une grande variété de faux, aux côtés de leurs originaux. Vous trouverez évidemment des sacs à main, des parfums, des vêtements ou encore des chaussures, mais aussi, plus surprenant, de l'alcool, des raquettes de tennis, des préservatifs, des médicaments, des objets électroniques, des jouets pour enfants, des tronçonneuses ou des stylos. La liste est sans fin !

C'est presque un soulagement d'entrer ensuite dans une pièce dédiée aux imitations d'œuvres d'art. La copie du travail d'un maître peintre ou la fonte non autorisée d'une sculpture d'Auguste Rodin sont presque des actes élégants en comparaison de la copie de masse.

Adresse 16 rue de la Faisanderie, 75116 Paris, tél. 01 56 26 14 03, musee-contrefacon.com, musee@unifab.com | **Transports en commun** RER C, arrêt Avenue-Foch ; Métro 2, arrêt Porte-Dauphine ; Bus PC arrêt Porte-Dauphine | **Horaires d'ouverture** Du lundi au samedi de 14 h à 17 h 30 | **À savoir** Pour voir de véritables objets de luxe, remontez l'avenue Foch, puis traversez la place Charles-de-Gaulle jusqu'à la boutique Louis Vuitton, sur les Champs-Élysées.

60 Le musée Curie
Le laboratoire d'une héroïne française

Après la mort de son mari Pierre, en 1906, Marie Curie reprit le poste de ce dernier à la Sorbonne et consacra le reste de sa vie à étudier la radioactivité. Elle remporta son deuxième prix Nobel en 1911 pour avoir isolé du radium pur, et, en 1914, ouvrit l'Institut du radium afin de trouver un moyen de l'utiliser dans le traitement des cancers. Après la Première Guerre mondiale, elle entreprit de collecter des fonds pour la recherche sur le radium, tout en continuant de diriger les activités de l'institut avec Claudius Regaud de l'Institut Pasteur. Sa fille et son gendre, Irène et Frédéric Joliot-Curie, se joignirent à elle et reçurent un prix Nobel pour leur découverte de la radioactivité artificielle en 1935. Marie Curie continua ses recherches jusqu'à sa mort en 1934.

Le campus de l'Institut du radium comprenait le pavillon Curie, doté de laboratoires de physique et de chimie, et le pavillon Pasteur pour la recherche biologique et médicale. Entre ces deux bâtiments, la chercheuse avait créé un jardin, ainsi qu'un troisième bâtiment : le petit pavillon. Au rez-de-chaussée se trouvaient son bureau et un petit laboratoire, dont les portes menaient à l'extérieur, sous un porche, près du jardin. Le musée a reconstitué ces espaces, agrémentés d'une photo à taille réelle de Marie Curie.

La collection permanente du musée raconte l'histoire de la famille Curie, du radium et de ses usages, en exposant l'équipement utilisé dans les laboratoires à l'époque. En plus de mettre en lumière les recherches médicales légitimes, le musée s'intéresse également à la folie du radium des années 20 et les nombreux – voire dangereux – usages qui en ont été faits.

Lors de votre visite, cherchez la boîte en plomb ayant servi à transporter le fameux gramme de radium remis à Curie par le président américain Warren Harding lors de sa première campagne de levée de fonds pour la recherche.

Adresse 1 rue Pierre-et-Marie-Curie, 75005 Paris, tél. 01 56 24 55 33, musee.curie.fr |
Transports en commun RER B, arrêt Luxembourg ; Métro 7, arrêt Place-Monge ;
Métro 10, arrêt Cardinal-Lemoine ; Bus 24, arrêt Musée-et-Institut-Curie ; Bus 21/27, arrêt
Saint-Jacques-Gay-Lussac | **Horaires d'ouverture** Du mercredi au samedi de 13 h à 17 h |
À savoir Marie et Pierre Curie sont enterrés ensemble, dans des tombes doublées de plomb,
au Panthéon.

61 Le musée des Éclairages anciens

Explorez la beauté de la lumière non électrique

Parmi les musées les plus irrésistibles, certains doivent leur existence à des collectionneurs passionnés. Ara Kebapcioglu et son musée des Éclairages anciens en sont un exemple. Niché dans une boutique, le musée est rempli, du sol au plafond, de lampes de bureau, appliques murales, plafonniers… Il sert aussi de showroom à des collectionneurs, à des décorateurs et à tous ceux intéressés par ces éclairages créés à l'époque du kérosène, du pétrole et de l'huile. La collection composée de centaines de lampes fait office de décor et de leçon d'histoire, illustrant les avancées en matière de luminaires depuis le XVIIIe siècle et la prééminence de la lumière incandescente. Les lampes se présentent sous une myriade de styles ; elles sont décoratives, insolites ou tout simplement fonctionnelles. Elles reflètent différents besoins et des préférences esthétiques variées, le type de lumière qu'elles pouvaient produire, et la technologie de leur époque. N'hésitez pas à réserver à l'avance une visite personnalisée.

Monsieur Kebapcioglu, grand voyageur polyglotte et bon vivant, est un puits de savoir sur le monde de l'éclairage. Il se fera un plaisir de vous montrer le fonctionnement de certaines lampes, et il allumera ses préférées, dont le quinquet de Ramier, une lampe à pétrole en faïence dont l'abat-jour a été décoré selon l'imagerie d'Épinal, ou encore une ampoule à filament du début de l'époque Art nouveau.

Le processus d'allumage et d'entretien d'une lampe à pétrole ou à gaz est fascinant pour ceux qui ont eu l'occasion de les voir qu'en image ou dans les films. La lumière qui émane de ces lampes est enchanteresse. Preuve de l'importance historique de cette collection, le musée a récemment fait don de plusieurs lampes au musée Carnavalet. Et pour ne rien gâcher, toute personne séduite par la beauté de ces objets uniques a la possibilité de les acquérir.

Adresse 4 rue Flatters, 75005 Paris, tél. 01 47 07 63 47, www.lumieredeloeil.com, lumiara@aol.com | **Transports en commun** Métro 7, arrêt Les-Gobelins ; Bus 21/83/91, arrêt Port-Royal-Berthollet | **Horaires d'ouverture** Uniquement sur rendez-vous | **À savoir** Paris et ses banlieues étaient autrefois éclairées par des lampadaires à gaz. Vous trouverez le dernier en fonctionnement, appelé Léon, au sentier du Tir, à Malakoff, près de la porte de Vanves.

62 Le musée Eugène Delacroix

Immersion dans l'univers du maître

Eugène Delacroix était un peintre romantique dont on retient aujourd'hui *La Liberté guidant le peuple*, *La Mort de Sardanapale* et *La Chasse aux lions*. La visite de sa maison, place Furstemberg, permet de comprendre la fascination suscitée par l'image de l'artiste solitaire, isolé du monde dans son atelier baigné de soleil, travaillant sur son prochain chef-d'œuvre. De fait, le jardin isolé situé derrière le musée, empli de sérénité avec ses sièges disposés çà et là et ses massifs délimités par des haies, est l'un des petits joyaux de la ville. Delacroix aimait y passer du temps seul, faisant pousser une grande variété de fleurs. Comme il aimait à le dire : « Mon logement est décidément charmant… La vue de mon petit jardin et l'aspect riant de mon atelier me causent toujours un sentiment de plaisir. »

Delacroix s'est installé dans cet appartement, désormais transformé en musée, en 1857 afin de se rapprocher de l'Académie des Beaux-Arts et de l'église Saint-Sulpice, où il a réalisé plusieurs peintures murales au début des années 1860. Alors que l'espace de vie était modeste, du moins selon les normes actuelles, l'atelier, quant à lui, était lumineux et spacieux avec une grande hauteur sous plafond. Il pouvait contenir aisément des œuvres de grande envergure ou plusieurs projets artistiques. À l'époque, il était rempli de centaines de tableaux, d'études et d'esquisses. Aujourd'hui, l'atelier reste le point central de la visite, avec ses murs d'un rouge éclatant, son mobilier d'époque, deux maquettes de peintures murales destinées à des plafonds, les chevalets et les palettes de Delacroix.

Les œuvres sont exposées selon des sélections qui varient d'une exposition temporaire à l'autre d'après une thématique choisie : l'utilisation de la lumière et de la couleur, l'exploration des thèmes mythologiques, l'hommage à la nature, la fascination de l'artiste pour le Maroc…

Adresse 6 rue de Furstemberg, 75006 Paris, tél. 01 44 41 86 50, www.musee-delacroix.fr, contact.musee-delacroix@louvre.fr | **Transports en commun** Métro 4, arrêt Saint-Germain-des-Prés ; Métro 10, arrêt Mabillon ; Bus 39/95, arrêt Saint-Germain-des-Prés | **Horaires d'ouverture** Du mercredi au lundi de 9 h 30 à 17 h 30 | **À savoir** Les célèbres peintures murales de Delacroix dans la chapelle des Saints-Anges, de l'église Saint-Sulpice, ont été magnifiquement restaurées en 2015.

63 Le musée Fragonard

Fascinante et macabre science vétérinaire

Les écorchés d'Honoré Fragonard, l'anatomiste du XVIIIe siècle, sont sans aucun doute les stars de ce musée. Cette petite collection d'hommes, de fœtus humains et d'animaux disséqués et écorchés constitue la carte de visite du musée. Mais cette visite révèle une collection bien plus riche et diverse que ce seul travail. L'établissement se trouve sur le campus de l'École nationale vétérinaire, dont Fragonard fut le premier curateur. La version moderne du musée a ouvert en 1903 afin d'exposer des artefacts pédagogiques de la fin du XIXe au début du XXe siècle. Cette période a vu l'émergence de la recherche et des connaissances scientifiques, mais sans encore bénéficier de la médecine moderne.

Des modèles en cire et en papier mâché ainsi que des spécimens placés dans des vitrines d'exposition illustrent l'anatomie et, parfois, les terribles maladies des animaux domestiques et de ferme. Différents types de modèles en cire, réalisés par les modélistes Richir et Petitcolin, reflètent les diverses manières de représenter l'anatomie. Réalisés pour être vendus aux vétérinaires, les modèles en papier mâché du docteur Auzoux sont faits de pièces assemblables et séparables correspondant aux parties du corps. Une vaste pièce accueille des squelettes de chevaux, de bovins, de girafes ou encore de chats, et rappelle, par sa disposition, un musée de paléontologie. Une mise en scène amusante présente l'évolution de la dentition d'un cheval tout au long de sa vie. Une vitrine occupant un pan de mur dispose d'une magnifique collection de fioles contenant près de 2 000 parasites, dont une liste a été établie par le musée.

Le musée Fragonard a failli être fermé à la fin du XXe siècle et sa collection répartie dans d'autres institutions. Mais un bel effort de restauration lui a redonné son lustre d'origine et nous permet aujourd'hui de constater les incroyables avancées en termes de médecine vétérinaire.

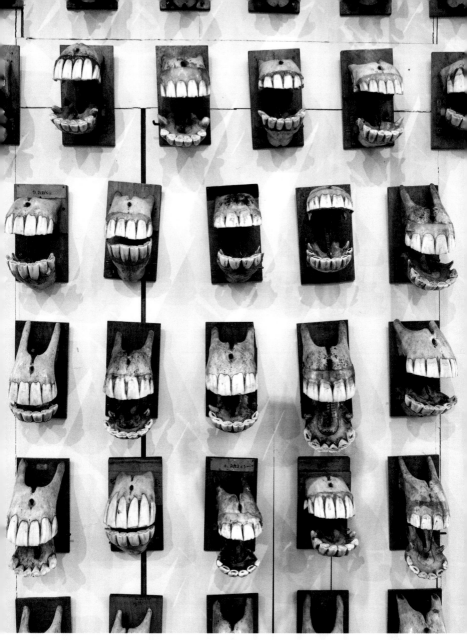

Adresse 7 avenue du Général-de-Gaulle, 94700 Maisons-Alfort, tél. 01 43 96 71 00, www.vet-alfort.fr/domaine-d-alfort/musee-fragonard/infos-pratiques, musee@vet-alfort.fr |
Transports en commun Métro 8, arrêt École-Vétérinaire-de-Maisons-Alfort ; Bus 104/181, arrêt Bouley-École-Vétérinaire | **Horaires d'ouverture** Le mercredi, le jeudi, le samedi et le dimanche de 14 h à 18 h | **À savoir** Un jardin botanique, également situé au sein de l'École nationale vétérinaire d'Alfort, donne à voir des plantes pollinisées, toxiques ou médicinales.

64 Le musée de la Franc-maçonnerie

Liberté, égalité, convivialité

En visitant ce musée, vous apprendrez qu'il existe deux fédérations maçonniques, ou obédiences, en France. Le Grand Orient de France se distingue de la Grande Loge de France en ne suivant pas la tradition anglo-américaine ni le rite écossais.

Le but premier du musée de la Franc-maçonnerie est de sensibiliser à la culture, à l'histoire et au patrimoine. La galerie principale, à peine éclairée, rappelle un ciel étoilé. Elle est meublée d'un ensemble de vitrines abritant près de 750 artefacts – bannières, statues, montres, objets personnels… Sur l'un des murs est présenté le lexique de la franc-maçonnerie. Vous découvrirez la nature des rites et des rituels des loges, mais aussi les grades d'appartenance. La pratique trouvant une partie de ses origines parmi les artisans et les ouvriers qualifiés, les grades d'apprenti, de compagnon et de maître vous seront familiers. Une longue frise chronologique en bois commence en France autour de 1725 et se poursuit jusqu'à l'époque actuelle. Vous en apprendrez davantage sur l'opposition de l'Église à la franc-maçonnerie avec le pape Clément XII, son influence durant la Deuxième et la Troisième République, les différents schismes opérés entre ses membres, et ses relations avec la religion et la société. Des figures majeures de l'histoire, comme Jules Ferry, Léon Gambetta, Jules Simon ou Alphonse Mucha, étaient des francs-maçons. Aujourd'hui, l'obédience du Grand Orient compte à la fois des hommes et des femmes et ne nécessite pas une quelconque croyance en un être suprême.

Le musée s'intéresse aussi aux aspects sociaux du culte. L'exposition d'un service de table bleu et jaune du XVIIIe siècle, décoré de symboles maçonniques, souligne l'importance du partage et de l'amitié. Une réunion franc-maçonnique se termine toujours par un repas, durant lequel les membres partagent la même nourriture.

Adresse 16 rue Cadet, 75009 Paris, tél. 01 45 23 74 09, www.museefm.org, evenementmuseefm@godf.org | **Transports en commun** Métro 7, arrêt Cadet ; Métro 8/9, arrêt Grands-Boulevards ; Bus 26/43/45, arrêt Cadet | **Horaires d'ouverture** Du mardi au vendredi et le dimanche de 10 h à 12 h 30 et de 14 h à 18 h, le samedi de 10 h à 13 h et de 14 h à 19 h | **À savoir** La première loge franc-maçonnique de Paris a été créée à Saint-Germain-des-Prés, rue de Buci, en 1725.

La convivialité maçonnique

65 Le musée français de la Carte à jouer

Jeux et divination

En 1930, la ville d'Issy-les-Moulineaux s'est vu offrir une importante quantité de cartes à jouer par un collectionneur. Laissée dans les archives durant de nombreuses années, cette collection a été redécouverte dans les années 80 et a marqué le début du musée de la Carte à jouer. Ce dernier a d'ailleurs été élu « musée européen de l'année » en 1999.

Installé sur deux étages, le musée est peu éclairé, afin de protéger les près de 11 000 cartes imprimées en Europe, en Amérique du Nord ou au Japon, et couvrant plusieurs siècles d'histoire. Elles sont regroupées par thème et par époque et incluent des cartes de poker, de belote, de tarot et des cartes divinatoires. Les thèmes peuvent être politiques, historiques ou géographiques. Certains jeux représentent les grandes figures de l'Angleterre victorienne ou de la France prérévolutionnaire, tandis que d'autres ont été conçus pour enseigner la géographie. L'un d'eux, par exemple, est agrémenté de photographies du XIXe siècle montrant des paysages d'Amérique de l'Ouest. Vous trouverez même des jeux avec des personnes dénudées ou dans diverses positions sexuelles, dissimulés derrière un rideau de velours rouge.

Il est surprenant de voir à quel point un jeu de cartes, si simple d'apparence, peut revêtir tant de formes. Des dizaines de versions du joker, apparu pour la première fois dans les années 1860 aux États-Unis et en France au début du XXe siècle, sont ainsi exposées sur un panneau. On peut aussi voir l'évolution des arcanes majeurs du tarot Amour et Mort au fil du temps.

Portez également votre attention sur l'astucieuse conception des supports d'exposition. Afin d'optimiser l'espace, le musée s'est servi de panneaux juxtaposés, coulissants et verticaux, qui révèlent tour à tour différents jeux. Ils sont également dotés de roues tournant à 360 degrés, afin de rendre visibles les paquets complets sur chaque côté.

Adresse 16 rue Auguste-Gervais, 92130 Issy-les-Moulineaux, tél. 01 41 23 83 60, www.museecarteajouer.com | **Transports en commun** RER C, arrêt Issy-Val-de-Seine ; Tram 2, arrêt Issy-Val-de-Seine ; Métro 12, arrêt Mairie-d'Issy ; Bus 169/323, arrêt Musée ; TUVIM, arrêt Étienne-Dolet | **Horaires d'ouverture** Du mercredi au vendredi de 11 h à 17 h, le samedi et le dimanche de 14 h à 18 h | **À savoir** Profitez des expositions sur Issy-les-Moulineaux dans la galerie d'histoire de la ville, au dernier étage du même bâtiment, et qui se poursuit dans la dernière partie encore conservée du château attenant du XVIIᵉ siècle, ayant appartenu aux princes Conti.

66 Le musée du Fumeur

Fumer… c'était mieux avant !

Un petit tabac abrite l'un des plus petits musées de la capitale. Derrière le comptoir de la boutique se déploie le musée du Fumeur, comprenant des vitrines, un couloir et les toilettes du magasin. Dans cet espace restreint, les propriétaires ont assemblé une collection d'objets historiques et d'accessoires pour fumeurs, incluant parmi eux des pièces extraordinaires.

Le musée retrace plusieurs siècles de tradition de fumeur grâce à des documents, des illustrations, des caricatures et des instruments à fumer divers et variés. Une présentation porte sur le rôle qu'a joué la consommation de tabac dans la libération des femmes, racontée au travers d'histoires de *geishas* ou de celle de George Sand. Des dizaines de gravures historiques et satiriques illustrent l'importance de ce rituel dans les sociétés du XVIIIe et du XIXe siècle. On peut observer des *bongs*, des *hookahs*, des pipes en argile et à chanvre, des pipes en bois occidental et sculptées dans de la sépiolite, ou encore des pipes à opium. Dans les objets du XXe siècle, on trouve les toutes premières versions des paquets de cigarettes, du papier à rouler ou encore d'amusantes petites figurines servant de support à allumettes.

Le plus bel objet reste un calumet de la paix amérindien. Les calumets étaient utilisés lors de cérémonies religieuses afin de sceller des traités et d'autres accords importants. Longue et fine, cette pipe est décorée d'un pan de cuir frangé et de perles tissées rouges, blanches et bleues – il s'agit de la possession la plus précieuse du musée et la plus inattendue.

Dans un petit cabinet de toilette, appelé « salle des portraits », se trouvent plusieurs centaines de photographies de célébrités en train de fumer, comme Serge Gainsbourg, Jimmy Hendrix, Marlene Dietrich ou Brigitte Bardot. Cette exposition nous rappelle à quel point le tabagisme a été profondément ancré dans la culture populaire française et mondiale.

Adresse 7 rue Pache, 75011 Paris, tél. 01 46 59 05 51, www.museedufumeur.net, info@museedufumeur.net | Transports en commun Métro 9, arrêt Voltaire ; Bus 46/56/ 61/69, arrêt Place-Léon-Blum | Horaires d'ouverture Du lundi au samedi de 12 h 30 à 19 h 30 | À savoir La Briée, située non loin, est spécialisée dans la production de tous types de brioches, de la brioche classique parisienne au beurre à des versions plus exotiques, comme la praline rose de Lyon ou le kouglof, le gâteau alsacien aux amandes (69 rue Sedaine).

67__Le musée Grévin
Vrai ou cire ?

La vie d'une statue de cire est difficile du fait de sa nature molle. Si les corps sont faits en résine, les visages, eux, sont bien en cire. Ils s'abîment facilement, et plus particulièrement durant la période estivale. Tous les soirs, les employés les repositionnent, les recoiffent, réajustent leurs vêtements et notent d'éventuelles détériorations. Le processus de création d'une statue est assez extraordinaire : il nécessite jusqu'à 15 artisans différents, plusieurs mois de travail, et au moins deux visites de la célébrité afin de créer un moule de son visage. Celle-ci peut aussi fournir ses propres vêtements pour habiller le mannequin.

Le musée Grévin, maintenant vieux de plus de 140 ans, est une création de l'éditeur Arthur Meyer. Pour lui donner vie, il fit appel au génie d'Alfred Grévin, un célèbre caricaturiste, sculpteur et costumier. À son ouverture, le musée a été associé à un théâtre décoré par le sculpteur Antoine Bourdelle. Celui-ci est utilisé pour présenter les nouvelles statues et accueillir des événements. Mais pour commencer, vous entrez dans le « palais des Mirages », un spectacle historique de l'Exposition universelle de 1900 incluant une magnifique exposition de miroirs, de lumières, de musique et de magie.

Vous souhaiterez probablement repérer vos idoles préférées parmi les près de 400 statues exposées dans cet espace aux décors spectaculaires. Des personnalités françaises, comme Jean-Paul Belmondo, Mimie Mathy ou encore Kylian Mbappé, côtoient Michael Jackson, Shahrukh Khan ou Barack Obama. On y admire aussi des personnages historiques : vous pourrez ainsi voir Louis XIV en « Roi-Soleil », le général de Gaulle à son arrivée à Paris et Jeanne d'Arc attachée au pilori. Mais le trésor le plus inattendu du musée reste la reconstitution de l'assassinat de Jean-Paul Marat par Charlotte Corday en 1793, qui inclut le couteau ayant servi au crime, ainsi que la baignoire dans laquelle il a été tué.

Adresse 10 boulevard Montmartre, 75009 Paris, tél. 01 47 70 85 05, www.grevin-paris.com |
Transports en commun Métro 8/9, arrêt Grands-Boulevards ; Bus 20/32/39, arrêt Grands-
Boulevards | Horaires d'ouverture Voir le site internet | À savoir Non loin de là, la porte
Saint-Denis a été construite par Louis XIV sur le site d'une ancienne porte fortifiée
appartenant au mur d'enceinte créé par Charles V au XIVe siècle. Il s'agissait de la première
des cinq arches du triomphe (coin du boulevard de Bonne-Nouvelle et de la rue Saint-Denis).

68 Le musée Guimet

Le plus grand musée européen d'art asiatique

Le musée national des Arts asiatiques – Guimet, plus connu sous le nom de musée Guimet, est l'un des lieux culturels les plus dépaysants de la capitale. Ouvert en 1889, il présente une collection impressionnante de diverses cultures et civilisations asiatiques, allant de l'Asie du Sud-Est en passant par la Chine, la Corée, l'Inde, le Japon, l'Afghanistan et le Pakistan. Avec plus de 45 000 pièces, majoritairement d'art ancien et archéologiques, le musée est l'un des plus importants musées européens dédiés exclusivement aux arts asiatiques.

Les collections ont vu le jour grâce à la passion pour ces civilisations d'un riche industriel lyonnais, grand voyageur de la fin du XIXᵉ siècle : Éric Guimet. Personnage étonnant, il s'intéressa d'abord à l'histoire des religions. En 1876, il entreprit un voyage pour étudier le bouddhisme en Extrême-Orient, d'où il rapporta peintures, sculptures bouddhiques et manuscrits. Rentré de son périple, il décida d'ouvrir son propre musée. Il déclara à ce sujet : « Il y a plusieurs types de savants, ceux qui tirent le rideau pour ne pas être vus et ceux qui font des trous dans les rideaux. Moi, j'aime faire des trous dans les rideaux. Je veux voir et je veux que tout le monde voie. » Il fit ainsi ériger le bâtiment qui abrite aujourd'hui le musée pour y exposer ses trésors.

La présentation des collections s'attache à rendre compte des influences et des différents styles artistiques, d'une époque à l'autre, mais aussi d'un pays à l'autre. Il fait bon flâner dans les galeries au design épuré, éclairées à la lumière du jour : on y découvre un bouddha d'Angkor, on se promène parmi les statuaires khmers, dont le buste de Jayavarman VII captive par sa sérénité. On est ébloui par les armures de samouraïs et les porcelaines chinoises et japonaises. On ne peut être qu'impressionné par la richesse et la diversité des collections et des expositions temporaires, qui offrent une perspective moderne du continent.

Adresse 6 place d'Iéna, 75116 Paris, tél. 01 56 52 53 00, www.guimet.fr | Transports en
commun Métro 9, arrêt Iéna ; Métro 6, arrêt Boissière ou Trocadéro ; Bus 63/82, arrêt Iéna ;
Bus 30/32, arrêt Albert-de-Mun ; Bus 22, arrêt Trocadéro | Horaires d'ouverture Du lundi
au dimanche, sauf le mardi, de 10 h à 18 h | À savoir En plein cœur de la plaine Monceau,
dans le 8e arrondissement, se trouve un immeuble insolite : la Maison Loo, une pagode
chinoise qui accueille aujourd'hui le musée privé Pagoda Paris (48 rue de Courcelles).

69 Le musée de l'Histoire de l'immigration

Traversées et mémoires : l'immigration en France

Le palais de la Porte-Dorée, érigé pour l'Exposition coloniale de 1931, conserve aujourd'hui encore ses fresques originelles, qui célèbrent l'influence française dans les colonies. Transformé en musée de l'Histoire de l'immigration, il propose une perspective différente. Rénové en 2023, le musée présente de nouveaux espaces d'exposition visant à offrir une expérience plus didactique de l'immigration vers l'Hexagone. Une attention particulière est portée aux évolutions récentes et aux contributions de la recherche dans ce domaine.

Dans la cage d'escalier menant aux galeries, les visiteurs sont accueillis par des photographies saisissantes d'immigrants. Ces images, accompagnées de mots évocateurs tels que « départ », « passage », « séparation », « accueil » et « refuge », capturent l'essence de leurs expériences. La collection permanente, agencée de manière chronologique, débute en 1685 avec l'introduction du Code noir, réglementant le commerce des esclaves, et l'édit de Fontainebleau, qui a entraîné l'exode de 100 000 huguenots. Le parcours, ponctué par 11 dates clés, marquant des moments cruciaux de l'immigration, est enrichi par des récits personnels, des objets et des supports médiatiques qui reflètent l'évolution de l'immigration, notamment en termes de groupes ethniques, et son impact culturel et politique.

Ne manquez pas les histoires poignantes de Christina Diaz Vergara, une femme chilienne qui a trouvé refuge en France avec sa famille après le coup d'État militaire, ou encore de Nikolaï Angelov, immigré de Bulgarie et qui travaille aujourd'hui sur les droits et l'intégration des roms. Regardez la vidéo où des jeunes nés en France partagent leur ressenti concernant leurs origines familiales. Aujourd'hui, plus d'un quart de la population française est constitué d'immigrants et de leurs descendants.

Adresse Palais de la Porte-Dorée, 293 avenue Daumesnil, 75012 Paris, tél. 01 44 74 85 09, www.histoire-immigration.fr, publics@palais-portedoree.fr | Transports en commun Tram 3a, arrêt Porte-Dorée ; Métro 8, arrêt Porte-Dorée ; Bus 46/201, arrêt Porte-Dorée | Horaires d'ouverture Du mardi au vendredi de 10 h à 17 h 30, le samedi et le dimanche de 10 h à 19 h | À savoir Le square des Anciens-Combattants-d'Indochine a également été construit pour l'Exposition de 1931 et donne à voir une fontaine dotée de bassins finissant en cascade, surplombée par une statue d'Athéna. Elle a été réalisée par Ernest Drivier.

70 Le musée d'Histoire de la médecine

De l'amputation à la chirurgie moderne

Les fistules anales faisaient rage à la cour de Louis XIV et soyez reconnaissant de vivre au XXIe siècle ! Voilà les deux enseignements que l'on peut tirer d'une visite du grand hall de la faculté de Médecine de l'université de Paris.

Les instruments chirurgicaux sont exposés dans des vitrines le long des murs, tandis que d'autres objets, comme des modèles anatomiques et des meubles, sont disposés librement dans la salle. L'instrument qui a opéré la fistule anale du Roi-Soleil tient une place d'honneur, tout comme le kit utilisé pour réaliser l'autopsie de Napoléon. Le musée est organisé chronologiquement et thématiquement, afin de comprendre l'évolution en termes d'équipements et de techniques, mais aussi d'en apprendre davantage sur les personnes ayant apporté une contribution significative à la médecine. Vous trouverez des instruments qui vous sembleront familiers, comme des spéculums et des seringues du XVIe siècle. Néanmoins, la plupart des premiers instruments chirurgicaux semblent avoir été conçus pour l'amputation ou la trépanation. Un kit d'urologie du XVIIIe siècle est véritablement effrayant. Heureusement, l'évolution des connaissances de l'anatomie humaine à la fin du XVIIIe siècle et le développement de l'anesthésie et le travail de Pasteur au XIXe siècle ont révolutionné la médecine.

La chirurgie oculaire est un exemple remarquable du changement des pratiques médicales. On peut penser que la structure si fragile de l'œil empêcherait les opérations, mais les avancées ont été telles que des médecins du XIXe siècle pouvaient déjà identifier et tenter de guérir des dizaines de pathologies oculaires distinctes. Plus surprenant, vous apprendrez que la chirurgie oculaire est l'une des plus anciennes. L'opération de la cataracte a été inventée au IIIe siècle avant J.-C., et certaines techniques chirurgicales modernes remontent à 1552.

Adresse 12 rue de l'École-de-Médecine, 75006 Paris, tél. 01 76 53 16 93, u-paris.fr/musee-de-lhistoire-de-la-medecine/, musee.histoire-medecine@u-paris.fr | Transports en commun Métro 4/10, arrêt Odéon ; Bus 58/63/86/87/93, arrêt Saint-Germain-Odéon | Horaires d'ouverture De lundi au mercredi, le vendredi et le samedi de 14 h à 17 h 30 | À savoir L'Hôtel-Dieu est le plus vieil hôpital toujours en fonctionnement au monde. Le bâtiment actuel, du XIXe siècle, possède une cour aussi belle que paisible.

71_Le musée de l'Homme
Une exploration de l'humanité

La réorganisation récente du musée, installé dans le palais de Chaillot, avec vue sur les jardins du Trocadéro, a donné naissance à l'une des institutions les plus fascinantes et les plus photogéniques de Paris.

La mission pédagogique de l'institution s'articule autour de trois questions fondamentales : qui sommes-nous ? D'où venons-nous ? Où allons-nous ? Pour y répondre, le musée a adopté une approche pluridisciplinaire. Ses expositions explorent les caractéristiques qui nous différencient en tant qu'êtres humains : l'influence de la nature et de la culture sur notre apparence physique, notre aptitude à réfléchir et à comprendre notre rôle dans la société, notre faculté de raisonnement, la manière dont nous appréhendons notre mortalité, et nos moyens de communication, notamment le langage. Cette exploration vous amènera à apprécier la richesse de notre diversité physique et culturelle, tout en permettant une prise de conscience de ce qui nous unit fondamentalement en tant qu'êtres humains. Parmi les expositions, le mur des langues se distingue par son efficacité et son caractère ludique. Il est orné de longues langues rouges, chacune correspondant à une langue différente, accompagnée de sa description. Tirez-en une pour écouter un extrait particulier. Il est ensuite difficile de résister à l'envie de toutes les actionner afin d'écouter une multitude de langues.

La deuxième partie du musée explore notre évolution à l'aide d'une impressionnante présentation d'ossements d'espèces proto-humaines s'étant succédé jusqu'à l'arrivée de l'*Homo sapiens*, ainsi que des objets plus récents de l'époque paléolithique et néolithique. Le dernier étage est consaceé aux effets de la mondialisation et de la technologie. Dans une vitrine, des objets issus de l'industrie sont assemblés à des matériaux naturels, afin de créer une variété d'amulettes traditionnelles de protection sénégalaises. Des amulettes en sabot et en corne côtoient leurs équivalents faits en bouteilles en plastique.

Adresse 17 place du Trocadéro, 75016 Paris, tél. 01 44 05 72 72, www.museedelhomme.fr |
Transports en commun Métro 6/9, arrêt Trocadéro ; Bus 20/22/32/63, arrêt Trocadéro |
Horaires d'ouverture Tous les jours, sauf le mardi, de 11 h à 19 h | À savoir Le grand
aquarium de Paris est à quelques pas de là, dans les jardins du Trocadéro, et possède le plus
grand espace d'Europe dédié aux méduses.

Aka

Nombre de locuteurs :
40 000

L'aka est une langue bantoue parlée par les
chasseurs-cueilleurs de la République centrafricaine
et du Congo, souvent appelés «pygmées». Il y a plusieurs
siècles, leurs ancêtres ont emprunté la langue de certains
de leurs voisins agriculteurs. Ces deux langues ont
divergé au fil du temps.

Extrait : La nuit, dans le camp, Molubè raconte sa journée
de chasse, en imitant les bruits des éléphants qu'il a
pourchassés. Les auditeurs commentent son récit.

Enregistrement offert par Serge Bahuchet

72 Le musée Jacquemart-André

Une maison de collectionneurs

Une visite au musée Jacquemart-André est l'occasion de découvrir non seulement des chefs-d'œuvre, mais également l'ambiance d'un somptueux hôtel particulier du XIXe siècle. Inauguré en 1876, il témoigne de la passion de collectionneurs avisés. Édouard André, héritier d'une famille de banquiers, a investi sa fortune dans l'acquisition d'œuvres d'art qu'il exposait dans sa demeure. Son mariage avec l'artiste Nélie Jacquemart, en 1881, s'avéra décisif pour la création du musée. L'intérieur regorge de tableaux de maîtres de la peinture hollandaise et flamande, de la peinture française du XVIIIe siècle et de la Renaissance italienne, mais aussi d'objets d'art et de mobilier.

Soucieux de mettre en avant leur collection, les André n'ont eu de cesse d'aménager leur demeure au profit de la présentation de leurs acquisitions. Édouard André fit notamment l'achat de peintures françaises du XVIIIe siècle, très en vogue à cette époque, y compris des toiles de Chardin, de Fragonard, et une remarquable œuvre de Vigée-Lebrun : le portrait de la comtesse Catherine Skavronskaïa.

Madame Vigée-Lebrun, portraitiste attitrée de la reine Marie-Antoinette, se trouvait à Naples lors de la Révolution française. Là, elle reçut une commande de l'ambassadeur de Catherine, impératrice de Russie, pour peindre un portrait de son épouse. Elle déclara à son sujet : « C'est une personne d'une indéniable beauté, mais la comtesse, belle comme un ange, est sans instruction et d'une conversation déplorable. » Ce tableau fut une réussite grâce à la délicatesse des caractères, aux chromatismes des étoffes, à l'élégance de la pose et à son charme rêveur, malgré le manque de force expressive du modèle. Le musée présente également une collection d'art flamand et hollandais. Enfin, les époux André ont rassemblé une collection exceptionnelle consacrée à l'art italien du Quattrocento.

Adresse 158 boulevard Haussmann, 75008 Paris, tél. 01 45 62 11 59, www.musee-jacquemart-andre.com | Transports en commun Métro 9/13, arrêt Miromesnil ; Bus 22/43/52, arrêt Haussmann-Courcelles | Horaires d'ouverture Tous les jours de 10 h à 18 h | À savoir Fondée en 1840 et installée dans la rue du Faubourg-Saint-Honoré, la librairie Auguste Blaizot, spécialisée en reliures, est l'une des plus célèbres librairies de France, avec son décor typique des années 30.

73 Le musée de la Libération de Paris

Le combat héroïque pour se libérer de la tyrannie

Le 25 août 2019, Paris a célébré le soixante-quinzième anniversaire de la libération de Paris avec un nouveau musée dédié à l'événement, mais également au général Jacques-Philippe Leclerc et au héros de la Résistance Jean Moulin. L'emplacement du musée, son exploration approfondie de l'occupation nazie et de la résistance française ainsi que son entrée gratuite en font l'un des musées les plus remarquables de la ville.

L'établissement est situé dans l'un des bureaux de péage du XVIIIe siècle situé au-dessus du *bunker* servant autrefois de poste de commande de la résistance parisienne. Le musée propose une immersion interactive, permettant de se familiariser virtuellement avec le colonel et les résistants, tout en apprenant à ériger une barricade de rue. Le musée couvre la période de l'Occupation de 1940 jusqu'à la semaine de la Libération en août 1944. Vous explorerez les histoires de Jean Moulin et de figures de la Résistance qui ont mené une guerre clandestine contre les Allemands, ainsi que celle du général Jacques-Philippe Leclerc et de la deuxième brigade française libre. Des affiches de propagande nazie, des histoires de combats de résistants ou de soldats et des interviews accompagnent le parcours jusqu'à la pièce dédiée à la libération de la capitale. Les événements de chaque journée de cette semaine du 19 août sont racontés en détail, avec la brochure appelant les Parisiens à combattre, les récits des affrontements, la reddition des Allemands face aux troupes de Leclerc et l'arrivée du général de Gaulle à Paris.

Durant l'Occupation, la Parisienne Marguerite Sabaut a créé une robe ornée des monuments de la ville et un sac à main agrémenté de la croix de Lorraine, emblème de la France libre, dans l'espoir de les porter un jour. Son souhait s'est réalisé lorsqu'elle a pu arborer sa tenue lors du défilé sur les Champs-Élysées le 26 août. Ce sont là quelques-uns des nombreux souvenirs poignants autour de la Libération.

Adresse 4 avenue du Colonel-Henri-Rol-Tanguy, 75014 Paris, tél. 01 40 64 39 44, www.museeliberation-leclerc-moulin.paris.fr, museeML@paris.fr | Transports en commun RER B, arrêt Denfert-Rochereau ; Métro 4/6, arrêt Denfert-Rochereau ; Bus 38/59/68/88, arrêt Denfert-Rochereau | Horaires d'ouverture Du mardi au dimanche de 10 h à 18 h | À savoir Une plaque sur le mur de l'hôpital de l'Hôtel-Dieu commémore la mort du brigadier de la Police nationale Marcel Rey, le 19 août 1944. Il s'agit d'une des nombreuses plaques honorant ceux qui sont morts pendant la Libération (coin du parvis Notre-Dame et de la rue d'Arcole).

74 Le musée du Louvre
Un parcours intime

L'entrée à peine franchie, on est impressionné par l'effervescence et la majesté du musée du Louvre. Ses collections couvrent la période de la plus haute Antiquité jusqu'en 1850. C'est le musée le plus fréquenté, mais aussi le plus grand au monde, avec 15 kilomètres de galeries et 38 000 œuvres d'art. Cependant, nombre de collections qui font la richesse du Louvre sont trop souvent oubliées, victimes des stars incontournables qui leur volent la vedette. Par exemple, dans l'aile Richelieu, vous explorerez de nombreux trésors à l'abri de l'agitation, traversant des jardins de Louis XIV aux festivités du Second Empire, sans oublier les cités antiques de Mésopotamie.

La cour Marly est un incontournable. Marly était la résidence de plaisance du roi Louis XIV. Le parc abritait des statues de gracieuses divinités de la mythologie antique. Si le château et son parc ont disparu, une partie des sculptures a pu être conservée et est désormais visible au Louvre, dont les fameux *Chevaux de Marly*. Le voyage dans le temps se poursuit en 2340 avant J.-C., pour contempler la statue du nu-banda Ebih-Il, au regard bleu intense, en lapis-lazuli. Il était « nu-banda », un poste important, et travaillait à Mari, en actuelle Syrie.

Non loin se dévoile le plus ancien texte juridique : le code de Hammurabi, 1792-1750 avant J.-C. Hammurabi, roi de Babylone, avait fait graver plusieurs stèles, afin de les diffuser dans son royaume. Chacun pouvait y lire les articles de loi. En progressant, la cour Khorsabad émerveille avec ses grands taureaux ailés à tête humaine. Génies protecteurs, ils gardaient l'entrée du palais de Sargon II, édifié au VIIIe siècle avant J.-C., dans l'Empire assyrien. La visite se termine dans le faste du XIXe, avec la visite des appartements Napoléon III. Ceux-ci regroupent une enfilade de salons officiels, dont le Grand Salon témoigne du goût de l'époque pour le luxe et le confort.

Adresse 99 rue de Rivoli, 75001 Paris, www.louvre.fr, info@louvre.fr | Transports en commun Métro 1/7, arrêt Palais-Royal-Musée-du-Louvre ; Bus 21/69/72, arrêt Palais-Royal-Musée-du-Louvre | Horaires d'ouverture Tous les jours, sauf le mardi, de 9 h à 18 h, le vendredi jusqu'à 21 h 45 | À savoir Située à deux pas du musée du Louvre, la galerie Véro-Dodat est l'une des rares galeries couvertes du quartier. Elle abrite des boutiques élégantes (19 rue Jean-Jacques-Rousseau, 75001 Paris).

75 Le musée de la Lunette

Meyrowitz, des opticiens visionnaires

Emil Meyrowitz a commencé à vendre des lunettes dans les rues de New York en 1875, et il a ouvert sa première boutique à Paris en 1904, rue Scribe. L'atelier actuel a ouvert ses portes en 1922. Le décor de l'époque, avec ses murs et ses meubles en acajou, est toujours le même aujourd'hui.

À l'étage inférieur, où se trouve l'ancien atelier, un petit musée expose un historique exhaustif de l'évolution des lunettes. Réservez votre visite avec le directeur général et curateur Jean-Michel Finot. Vous apprendrez notamment comment, durant la Première Guerre mondiale, Meyrowitz s'est impliqué dans l'élaboration de masques pour protéger le visage des soldats du gaz moutarde. Il a également été l'un des premiers à fournir des lunettes protectrices aux pilotes d'avion et aux conducteurs de véhicules – l'habitacle de ceux-ci étant, à l'origine, ouvert, il fallait les protéger du vent et des débris. Charles Lindbergh en a d'ailleurs porté une paire pendant son vol au-dessus de l'Atlantique en 1924. La légende raconte qu'il s'est ensuite rendu dans la boutique afin de célébrer sa réussite. Le musée possède une large collection de lunettes en écailles de tortue, en corne de buffle, et même à base de lait déshydraté, ainsi que des modèles – plus tardifs – en plastique, imaginés par des créateurs tels que Cardin, Dior ou Moschino. Parmi les anciens clients de Meyrowitz, on compte Jacques Chirac, Teddy Roosevelt ou encore Jackie Onassis ; d'ailleurs, le livre d'or de la marque est un vrai *Who's Who ?* pour identifier les célébrités du XXe siècle.

Le plus grand trésor du musée est une paire de lunettes réalisée pour Claude Monet. À la fin de sa vie, ce dernier souffrait de cataracte, qui donnait une teinte jaune à ce qu'il voyait. Ses lunettes ont été montées avec des verres bleus Zeiss pour corriger ce défaut. L'une des paires a été vendue aux enchères, tandis qu'une autre tient une place de choix dans la collection Meyrowitz.

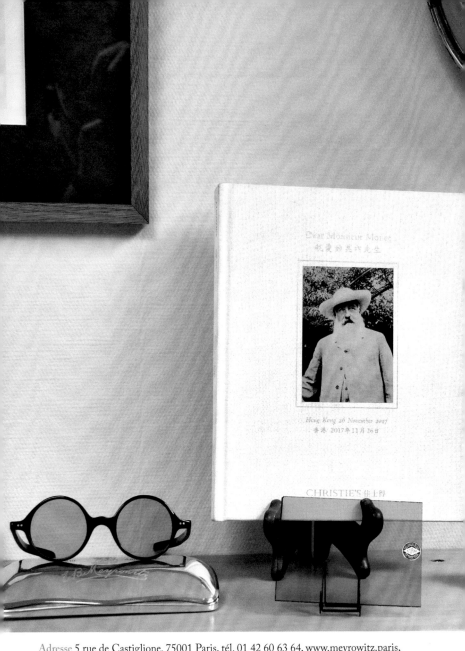

Adresse 5 rue de Castiglione, 75001 Paris, tél. 01 42 60 63 64, www.meyrowitz.paris, meyrowitz@meyrowitz.paris | Transports en commun Métro 1, arrêt Tuileries ; Bus 72, arrêt Castiglione | Horaires d'ouverture Uniquement sur rendez-vous | À savoir Au 7 rue de Castiglione, on trouve une plaque dédiée à Serge Lifar, un danseur et professeur de ballet qui travailla longtemps avec l'Opéra de Paris. Il fut condamné pour collaboration avec les nazis et se battit même en duel avec un collègue chorégraphe, George de Cuevas.

76 Le musée du Luxembourg
Des expositions incontournables

Les expositions du musée du Luxembourg font partie des incontournables de la vie culturelle parisienne. Le musée est chargé d'histoire : il a contribué au rayonnement culturel de la France pendant plus de deux siècles. Dès 1750, il fut le premier musée d'art ancien ouvert au public. En 1818, Louis XVIII approuva la création, dans le palais du Luxembourg, d'un musée dédié aux artistes vivants : les œuvres jugées les meilleures étaient transférées au musée du Louvre après la mort de leur auteur. C'était un lieu de diffusion officielle de l'art. Aujourd'hui, l'institution a pour mission d'organiser des expositions ambitieuses.

Le musée ne présente que des expositions temporaires explorant divers thèmes, tels que la modernité du XXe siècle, la peinture anglaise, la photographie, et bien d'autres… Mais surtout, le musée rend les lettres de noblesse aux femmes. Le manque de visibilité du travail des artistes féminines et leur effacement au cours de l'histoire, dominée par les hommes, ne sont plus à prouver. Ainsi, des expositions, telles que « Peintres femmes, 1780-1830. Naissance d'un combat », révèlent la façon dont les femmes se sont représentées, loin des clichés masculins. L'exposition révèle leur combat incessant pour être intégrées dans le monde des Beaux-Arts, avec plus ou moins de succès.

Une autre exposition, « Pionnières. Artistes dans le Paris des Années folles », témoigne du rôle central des femmes dans le développement de grands mouvements artistiques de la modernité. Ces pionnières, comme Tamara de Lempicka, Sonia Delaunay et Chana Orloff, nées à la fin du XIXe ou au début du XXe siècle, accédèrent aux grandes écoles d'art – jusqu'alors réservées aux hommes. Elles furent les premières à être reconnues comme des artistes et ont inventé de nouveaux regards, féminins, qui leur sont propres. Le musée du Luxembourg aborde des sujets inédits qui attirent une foule de passionnés.

Adresse 19 rue de Vaugirard, 75006 Paris, tél. 01 40 13 62 00, museeduluxembourg.fr |
Transports en commun RER B, arrêt Luxembourg ; Métro 4, arrêt Saint-Sulpice ;
Métro 10, arrêt Mabillon ; Métro 12, arrêt Rennes ; Bus 58/84/89, arrêt Musée-du-
Luxembourg | **Horaires d'ouverture** Du lundi au dimanche de 10 h 30 à 19 h | **À savoir**
Profitez de votre visite pour aller admirer la fontaine Médicis, commandée en 1630 par
Marie de Médicis à l'ingénieur florentin Thomas Francine et nouvellement rénovée.

77_Le musée de la Magie
Ces illusions sont vraies

Un sous-sol du quartier historique du Marais a été transformé en un lieu magique. Dans ce caveau du XVIᵉ siècle, le musée de la Magie et son voisin, le musée des Automates, ont été pensés pour régaler les adultes autant que les enfants. Ces derniers apprécieront tout particulièrement les spectacles de magie et le mur de miroirs déformants.

Tout le monde aime les tours de magie bien réalisés et se voir transformé en des formes hilarantes et inattendues, non ? Le musée consiste à la fois en une exposition d'objets d'époque et en une présentation des plus grands magiciens et de leurs histoires. Vous pourrez voir le premier modèle de boîte créé par le magicien américain Howard Thurston pour le célèbre spectacle d'illusion de la « femme sciée en deux », le sarcophage égyptien servant à la scène de disparition de Dicksonn, ou encore le pistolet utilisé par le magicien français Jean-Eugène Robert-Houdin pour son spectacle *L'Invulnérable Magicien*. Saviez-vous que le roi de l'évasion Harry Houdini a choisi son nom de scène d'après Robert Houdin ? Ou que Georges Méliès a commencé sa carrière comme magicien ? D'ailleurs, l'un de ses premiers films le montre en train de réaliser un tour de prestidigitation.

La seconde partie du musée accueille un autre genre de magie. En plus de la cabine de voyance et de Marvo le mystique, le musée interactif des Automates présente plus de 100 exemples d'objets ou de scènes mécanisés, prenant vie à la simple pression d'un bouton. Assistez à une rixe dans un bar, à une parade militaire, observez un affûteur aiguisant ses couteaux, une tour Eiffel ou un Mickey Mouse animés. Admirez des femmes danser ou un éléphant bleu qui s'échappe, terrifié par une souris. C'est un énorme travail que d'entretenir tous ces automates et de les mettre en marche, alors prenez votre temps. Chacun d'entre eux est à la fois fascinant, amusant, voire choquant.

Adresse 11 rue Saint-Paul, 75004 Paris, tél. 01 42 72 13 26, www.museedelamagie.com, contact@museedelamagie.com | **Transports en commun** Métro 1, arrêt Saint-Paul ; Bus 69/ 76/96, arrêt Saint-Paul | **Horaires d'ouverture** Le mercredi, le samedi et le dimanche de 14 h à 19 h | **À savoir** Dans le 4e arrondissement, l'incroyable café-restaurant-théâtre Le Double Fond vous offre de la magie avec votre apéritif.

78 Le musée Maillol

L'artiste qui aimait les femmes

Le musée Maillol, inauguré en 1995, a pris ses quartiers dans un hôtel particulier du XVIIIe siècle, dont la façade est ornée de la fontaine des Quatre-Saisons d'Edmé Bouchardon. Surtout connu pour ses expositions temporaires, il présente la collection la plus exhaustive des œuvres d'Aristide Maillol. Ce dernier est connu pour avoir réinventé, en son temps, la sculpture moderne. Le musée a été voulu par Dina Vierny, muse de l'artiste, qui a créé sa propre fondation afin de rendre publique l'œuvre de Maillol. Il présente un panorama très large de sa création, abritant ses sculptures, mais également ses peintures, ses dessins, ses terres cuites et ses tapisseries.

Maillol, bien que principalement connu pour ses sculptures majestueuses de femmes nues en bronze ou en pierre, est venu à la sculpture assez tardivement. D'abord peintre, il se tourna ensuite vers la tapisserie et les arts décoratifs. Au début de sa carrière, il était proche des artistes nabis, comme Maurice Denis. Il était aussi le contemporain de Rodin. Vers 1895, il s'essaya à la sculpture, initialement sur bois et en petite dimension.

Maillol portait, par ailleurs, une grande admiration au corps féminin. Ses dessins de Dina Vierny, qui sont souvent préparatoires aux sculptures, permettent de comprendre la genèse de ses statues. Ses sculptures représentent des corps sensuels aux formes rondes et lisses, à l'anatomie charpentée, dans des formes géométriques simples. Maillol proscrivait toute forme d'expression qui s'opposait à l'expressionnisme de Rodin. Il recherchait la pureté, avec une sensualité mesurée. Il fut sans conteste l'un des sculpteurs à faire entrer la statuaire dans la modernité, considérant la figure comme un moyen d'accéder à la forme pure.

Le musée organise également deux à trois expositions temporaires originales couvrant les différents courants artistiques allant du XXe au XXIe siècle.

Adresse 59-61 rue de Grenelle, 75007 Paris, tél. 01 42 22 62 28, www.museemaillol.com, contact@museemaillol.com | Transports en commun Métro 12, arrêt Rue-du-Bac ; Bus 63/ 68/83/84/94, arrêt Charlotte-Perriand | Horaires d'ouverture Du lundi au dimanche de 10 h 30 à 18 h 30 | À savoir Vous pourrez admirer toute la force des statues de Maillol au jardin des Tuileries, sur la place de la Concorde.

79 Le musée Mariage Frères
Rien que du thé

Depuis 1854, Mariage Frères vend certains des meilleurs thés au monde. À partir de 1983, ils ont ouvert plusieurs boutiques à Paris. En plus de la vaste collection de boîtes contenant divers thés proposés par le personnel éclairé vêtu de blouses blanches, trois boutiques disposent d'un salon de thé et d'un musée. Ces musées sont une merveilleuse addition pour agrémenter une journée dédiée à la découverte de l'univers du thé et à sa dégustation.

Si vous êtes un fervent consommateur, un voyageur à la recherche d'aventure, ou tout simplement un grand amateur de thé, il se peut que vous collectionniez déjà des objets comme ceux exposés au musée de la rue du Bourg-Tibourg. Ce dernier retrace l'histoire du thé et de son commerce. Les feuilles de thé étaient, à l'origine, transportées dans des paniers de bambou ou des jarres en terre, remplacées ensuite par des boîtes. Les variétés les plus communes étaient stockées dans des caisses de bambou doublées de papier, tandis que les thés de plus grande qualité étaient rangés dans des coffres décorés et laqués. Les plus petits étaient réservés aux thés les plus fins. Les premiers contenants utilisés dans les maisons étaient des jarres venant directement de Chine. Plus tard, les Européens commencèrent à produire des boîtes aux tailles et aux formes variées. La collection de Mariage Frères inclut des contenants en laque, en métal et en porcelaine. Comme vous pouvez l'imaginer, la collection de théières et de tasses est aussi vaste que celle des boîtes et des coffrets.

Deux objets sont particulièrement charmants : un très joli panier en osier contenant un service à thé complet, à savoir une théière en argent, des coffrets à thé, des tasses et des soucoupes en porcelaine évoquant un goûter en plein air, et une caisse de représentant de commerce doublée de velours qui contient des boîtes d'échantillons de six variétés de Lapsang Souchong et portant l'inscription : « Importation directe de la Chine. »

Adresse 30 rue du Bourg-Tibourg, 75004 Paris, tél. 01 42 72 28 11, www.mariagefreres.com/ FR/musee_du_the.html, info@mariagefreres.com | Transports en commun Métro 1/11, arrêt Hôtel-de-Ville ; Bus 67/72, arrêt Rue-Vieille-du-Temple-Mairie-du-4e | Horaires d'ouverture Tous les jours de 10 h 30 à 19 h 30 | À savoir Un autre petit musée du thé se trouve dans une autre boutique Mariage Frères, située à Saint-Germain-des-Prés.

80 — Le musée Marmottan Monet

La demeure des impressionnistes

Il y a de fortes chances que vous choisissiez de visiter le musée Marmottan Monet pour admirer la plus vaste collection des œuvres de Monet, et cela se comprend parfaitement. Du printemps à l'automne, prolongez votre visite du musée par la maison de Monet à Giverny et son célèbre bassin aux nymphéas. Mais le musée ne se résume pas au travail de Monet. Paul Marmottan a hérité de ce manoir en 1883, l'a agrandi et a procédé à son ameublement et à sa décoration, en combinant la collection de son père avec ses propres acquisitions, dont le lit de Napoléon. La collection de peintures reste, toutefois, une partie importante du fonds. Outre les tableaux de Monet, le musée présente le travail d'autres impressionnistes célèbres, notamment Berthe Morisot. Avec 25 toiles, 50 dessins, des carnets d'esquisses et une partie de sa correspondance, l'institution détient la plus grande collection de ses œuvres. Elle était membre du groupe des impressionnistes français, dont faisaient partie Monet, Cézanne, Degas ou Renoir, et était l'épouse d'Eugène Manet, frère d'Édouard. Bien qu'elle ait été admise au Salon officiel en 1864, elle a par la suite rejoint les impressionnistes dans la plupart de leurs expositions.

Bien que reconnue pour ses aquarelles, Berthe Morisot a brillé dans plusieurs techniques artistiques, incluant les pastels, le dessin et les peintures à l'huile. Caractérisé par des couleurs vivantes et une touche délicate, son style capturait les personnes et les lieux qui lui étaient familiers, avec une prédilection pour les femmes, les enfants – à l'instar de sa fille Julie –, ou les paysages, comme ceux du bois de Boulogne, tout proche. À la fin de sa carrière, elle procédait souvent à des travaux préparatoires, comme des études de forme et de couleur, avant de réaliser son œuvre finale. Ce fut le cas de cette spectaculaire œuvre qu'est *Le Cerisier,* exposée comme la pièce centrale de la galerie qui lui est dédiée.

Adresse 2 rue Louis-Boilly, 75016 Paris, tél. 01 44 96 50 33, www.marmottan.fr | **Transports en commun** RER C, arrêt Boulainvilliers ; Métro 9, arrêt La-Muette ; Bus 32/70, arrêt Louis-Boilly | **Horaires d'ouverture** Du mardi au dimanche de 10 h à 18 h (le jeudi jusqu'à 20 h) | **À savoir** La Petite Ceinture du 16ᵉ est une plaisante allée verte qui s'étend du jardin du Ranelagh jusqu'à la porte d'Auteuil, sur le site de l'ancien chemin de fer circulaire du XIXᵉ siècle.

81 Le musée Méliès

Les origines du film à la Cinémathèque française

Avec son incroyable bibliothèque, ses rétrospectives de films et ses expositions, la Cinémathèque française est le centre de tout ce qui touche au cinéma et à la création cinématographique en France. Il semble pertinent qu'elle héberge le musée dédié à la vie et à l'œuvre de Georges Méliès, le père du cinéma et un héros pour des générations de réalisateurs, de scénographes et de spécialistes d'effets spéciaux.

Ceux qui ont découvert les talents de Méliès avec le film de Martin Scorsese *Hugo Cabret* seront surpris d'apprendre que l'histoire est en grande partie vraie. Méliès était, à l'origine, un magicien qui exerçait son métier dans un théâtre racheté à la veuve de l'illusionniste Jean-Eugène Robert-Houdin. Après avoir été initié au cinéma par les films des frères Lumière en 1895, Méliès écrivit, dirigea et joua dans des centaines de films produits par sa compagnie Star Film pendant près de 20 ans. Il y intégrait des illusions issues du monde de la magie. L'un de ses premiers métrages le montrait en train de faire disparaître une femme à l'écran – l'un des premiers exemples de la technique du *stop motion*. Il était également connu pour combiner de multiples prises de vue, afin d'en faire une seule et même image selon une technique de surimpression. Après 1914, l'intérêt pour les films de Méliès disparut, entraînant la fermeture de son entreprise. En 1923, il vendit son théâtre et son studio de Montreuil, puis détruisit ou vendit ses négatifs. Plus tard, il tint un stand de jouets gare Montparnasse.

Le musée présente du matériel des débuts de l'ère du cinéma, comme le cinématographe ou le kinétoscope, ainsi que des objets associés à Méliès – du matériel de magie, sa caméra vidéo personnelle de 35 millimètres… –, des costumes, des posters ou des miniatures de films. Regardez l'intégralité du film de 1902 *Le Voyage dans la Lune*, à la fois une merveille d'effets spéciaux et, avec ses 13 minutes, un film très long pour l'époque.

Adresse 51 rue de Bercy, 75012 Paris, tél. 01 71 19 33 33, www.cinematheque.fr | Transports en commun Métro 6/14, arrêt Bercy ; Bus 24/71/215, arrêt Bercy-Aréna | Horaires d'ouverture Du mercredi au vendredi de 12 h à 19 h, le samedi et le dimanche de 11 h à 20 h | À savoir Empruntez la passerelle ondulée Simone-de-Beauvoir du parc de Bercy jusqu'à la Bibliothèque nationale de France de l'autre côté de la Seine.

82 Le musée de Minéralogie
Les trésors cachés de notre planète

Que vous soyez expert ou néophyte en minéralogie, vous ne manquerez pas d'être frappé par la beauté des trésors de notre planète exposés au musée de la Minéralogie. Logé au sein de l'École des mines, à l'orée du jardin du Luxembourg, cet écrin abrite l'une des collections de minéraux les plus complètes au monde. Elle comprend plus de 100 000 échantillons en provenance des quatre coins du globe. Sur ce vaste fonds, 4 000 spécimens étincellent derrière les vitrines.

Après avoir traversé les couloirs de l'école et monté le somptueux escalier de l'hôtel Vendôme, on accède au musée. Une fois à l'intérieur, on découvre des enfilades de salles, où les vitrines d'époque se succèdent. Ainsi commence la visite, qu'elle soit libre ou guidée par un expert selon une thématique précise – dans ce cas, celle-ci doit être préalablement réservée. En sa compagnie, la visite vous plonge dans l'histoire de l'humanité.

Prenons le cuivre comme illustration : à quoi sert-il ? Comme chacun le sait, il est conducteur d'électricité, mais encore ? L'histoire commence par la découverte du cuivre natif. Une fois chauffé, on peut en faire des haches, bols, etc. Mais le cuivre natif est rare, c'est alors qu'intervient la notion de pénurie. Comment résoudre ce problème ? L'expert sera là pour vous éclairer sur toutes les découvertes qui ont transformé notre monde et qui le transforment encore aujourd'hui. C'est ce genre de récits, reliant les minéraux à nos vies de tous les jours, à nos sociétés et à nos défis contemporains, que le musée s'efforce de transmettre. La visite nous fait prendre conscience de l'impact des minéraux dans notre quotidien, de leurs enjeux politico-socioéconomiques et de leur impact sur l'environnement. La mission du musée est d'enrichir notre perspective et de nous apporter tous les éléments d'argumentation et de réflexion. Et avant de quitter les lieux, ne manquez pas de toucher la Lune et Mars !

Adresse École des mines, 60 boulevard Saint-Michel, 75006 Paris, www.musee.mines-paristech.fr, musee@mines-paristech.fr | Transports en commun RER B, arrêt Luxembourg ; Métro 4/10, arrêt Odéon ; Métro 10, arrêt Cluny-La-Sorbonne ; Bus 21/27/38/82/84/89, arrêt Luxembourg | Horaires d'ouverture Le mardi de 10 h à 12 h et de 13 h 30 à 18 h, du mercredi au vendredi de 13 h 30 à 18 h, le samedi de 10 h à 12 h 30 et de 14 h à 17 h | À savoir Si vous êtes passionné de minéraux, allez découvrir la collection de la Sorbonne, l'une des plus anciennes de France, sur la place Jussieu.

83 Le musée de Montmartre

Montmartre à la Belle Époque

Le musée de Montmartre, fondé en 1960, est situé dans l'une des bâtisses les plus anciennes de la butte Montmartre, datant du XVIIe siècle : la maison du Bel Air. Cet endroit emblématique a été le refuge d'illustres artistes, dont Auguste Renoir, Raoul Dufy, Suzanne Valadon et Maurice Utrillo. Le musée abrite une collection de peintures, d'affiches et de dessins, qui dévoile l'histoire de la butte aux XIXe et XXe siècles. Le parcours est une immersion dans l'effervescence artistique des ateliers, du fameux Bateau-Lavoir à l'atelier Cortot, et dans l'ambiance des célèbres cabarets du quartier, dont le Chat Noir et le Moulin-Rouge.

Lieu de rencontres pour le Tout-Paris artistique, Montmartre était une mine d'or de sujets plus ou moins provocants et une source d'inspiration inépuisable. On comprend l'atmosphère bohème qui régnait à la maison du Bel Air lorsque l'on visite l'atelier – l'appartement de Suzanne Valadon et la chambre de son fils, Maurice Utrillo, restés dans leur état d'origine. La salle consacrée au cabaret du Chat Noir nous transporte des arts à la fête. Fondé par Rodolphe Salis, le Chat Noir était un lieu extravagant, où il n'était pas rare d'écouter une personne jouer du piano ou déclamer des vers en toute liberté. Des figures légendaires – comme Henri de Toulouse-Lautrec, Erik Satie, Alphonse Allais, Camille Pissarro ou Vincent Van Gogh – étaient des habituées. Henri Rivière y ouvrit également son « théâtre d'ombres », ancêtre du cinéma et véritable innovation pour l'époque. Des silhouettes en zinc, éclairées derrière un écran en toile blanche, amusaient un auditoire composé d'artistes et d'intellectuels. Rodolphe Salis commentait l'intrigue, accompagné par des musiciens. Le tout était improvisé, du récit à la musique.

Le musée de Montmartre redonne vie à la Belle Époque, où les arts et la fête étaient intimement liés, avec ce goût palpable pour l'émancipation et l'envie de changement.

Adresse 12 rue Cortot, 75018 Paris, tél. 01 49 25 89 39, www.museedemontmartre.fr, infos@museedemontmartre.fr | Transports en commun Métro 12, arrêt Lamarck-Caulaincourt ; Bus 40, arrêt Saules-Cortot | Horaires d'ouverture Tous les jours de 10 h à 19 h | À savoir Faites un détour par l'impasse de la Villa-Léandre, qui s'étendait sur le Maquis au XIXe siècle. Deux immeubles sont inscrits aux monuments historiques : l'hôtel Lejeune et l'hôtel particulier de Tristan Tzara.

84 Le musée de la Musique

La contrebasse sous stéroïdes

Pour les amateurs de musique et d'instruments, le musée de la Musique vous invite à une exploration fascinante de 4 siècles de musique – essentiellement occidentale. Le musée expose plus de 1 000 objets, à commencer par les instruments utilisés pour *L'Orfeo* de Monteverdi.

Chaque niveau met en lumière un siècle en particulier, jusqu'au XXᵉ et ses instruments de jazz ou ses guitares électriques… Vous croiserez des instruments à vent et des cuivres, y compris des pièces d'époque ressemblant à des serpents et aux valves bien plus complexes que sur les modèles actuels. Écoutez des extraits musicaux afin d'explorer les sons d'instruments anciens, dont une flûte traversière ou un clavecin du XVIIᵉ siècle.

Saviez-vous qu'il existe trois catégories d'instruments à cordes ? Tout d'abord, ceux qui sont pincés, à l'instar des harpes, des luths et des guitares. Ensuite, les instruments joués avec un archet, comme les violons et les violoncelles. Enfin, les instruments qui requièrent des marteaux pour frapper les cordes, tels que les clavecins et les pianos. La collection du musée offre une entrée en matière pour une exploration du monde musical. Et saviez-vous que Stradivarius ne se limitait pas à la fabrication de violons ? Le musée expose non seulement ses violons, mais aussi ceux d'autres maîtres luthiers tels que Guarneri et Lupot. Un joyau rare y figure : une guitare conçue par Stradivarius.

Le XIXᵉ siècle fut une période de grandes innovations. Les pianos Érard et Pleyel firent de la France un épicentre de la fabrication de pianos. Les orchestres intégrèrent davantage d'instruments afin de créer des mélodies plus riches, adaptées aux nouvelles salles de concert. Des instruments comme le saxophone ou l'accordéon furent inventés. Le plus étrange reste l'octobasse de Jean-Baptiste Vuillaume, haute de 3,5 mètres. Le musicien avait besoin d'une marche pour en jouer, afin d'accéder aux leviers et aux pédales. Le musée possède l'un des deux exemplaires restants.

Adresse Cité de la musique – Philharmonie de Paris, 221 avenue Jean-Jaurès, 75019 Paris, tél. 01 44 84 44 84, philharmoniedeparis.fr/fr/musee-de-la-musique, musee@philharmoniedeparis.fr | Transports en commun Tram 3b, arrêt Porte-de-Pantin ; Métro 5, arrêt Porte-de-Pantin ; Bus 75/151, arrêt Porte-de-Pantin | Horaires d'ouverture Du mardi au vendredi de 12 h à 18 h, le samedi et le dimanche de 10 h à 18 h | À savoir La salle Pleyel a accueilli la Philharmonie de Paris jusqu'en 2015. Aujourd'hui, elle propose des événements musicaux plus contemporains.

85 Le musée national Gustave Moreau

Une maison-musée aux œuvres mystérieuses

Le musée Gustave Moreau est un petit musée confidentiel niché dans le 9ᵉ arrondissement. Il nous invite dans l'appartement-musée du célèbre artiste peintre Gustave Moreau. Particularité rare : c'est l'artiste lui-même qui a transformé sa maison en musée, qui demeure la seule de ce genre à Paris.

Cette maison hors du temps présente des pièces au décor éclectique sur quatre niveaux, avec plus de 25 000 objets, dont 15 000 ont appartenu à Gustave Moreau. En 1852, Louis Moreau fait l'acquisition, au nom de son fils Gustave, d'une maison située dans le quartier de la Nouvelle-Athènes. Gustave Moreau y emménage avec ses parents. Après leur mort, il décide de faire agrandir sa maison-atelier pour laisser son œuvre à la postérité. De vastes salles sont aménagées, ainsi qu'un magnifique escalier métallique en spirale qui relie les deux ateliers. La muséographie originelle, inaugurée en 1903, est restée intacte.

Répartie sur quatre niveaux, la maison-musée dévoile les multiples facettes du maître. Moreau, comme toute la génération symboliste, a revendiqué le mystère de l'œuvre. L'une d'entre elles, *Le Triomphe d'Alexandre le Grand*, est une parfaite illustration de son univers onirique, qu'il a représenté tout au long de sa carrière. Cette peinture d'histoire transforme un récit historique en un paysage symboliste, où l'Inde majestueuse se soumet aux conquérants. Moreau puise son inspiration pour les motifs d'architecture et de sculptures dans des albums photographiques d'Henri Cernuschi et des miniatures vues au Louvre. Il ne cherche pas l'exactitude des faits, et invente plutôt une Inde imaginaire et mystifiée, avec profusion de détails. Ses œuvres n'ont guère d'équivalent. Elles portent en elles un mystère que l'artiste ne souhaitait pas dissiper et qui tient en partie à cette autre ambition de renouveler les formes de la peinture d'histoire pour en approfondir le sens et la portée.

Adresse 14 rue de La-Rochefoucauld, 75009 Paris, tél. 01 83 62 78 72, musee-moreau.fr, info@musee-moreau.fr | **Transports en commun** Métro 12, arrêt Trinité-d'Estienne-d'Orves ou Saint-Georges ; Bus 26/43, arrêt Trinité ; Bus 40/74, arrêt Saint-Georges | **Horaires d'ouverture** Tous les jours, sauf le mardi, de 10 h à 18 h | **À savoir** Le passage Verdeau, dans le quartier des Grands Boulevards, construit par Jean-Baptise Verdeau en 1847, est l'un des passages couverts les plus charmants de la capitale.

86 Le musée national Jean-Jacques Henner

Histoires d'un hôtel particulier et d'un peintre

Niché au cœur de la plaine Monceau, dans le 17ᵉ arrondissement, le musée Jean-Jacques Henner occupe un hôtel particulier emblématique du quartier artistique en vogue de la fin du XIXᵉ siècle. Cette résidence, un des rares témoignages de l'architecture privée sous la IIIᵉ République, fut habitée par le peintre Guillaume Dubufe, figure mondaine de la plaine Monceau, qui en fit sa demeure et son atelier. Acquis en 1921 par Marie Henner, nièce du peintre Jean-Jacques Henner, ce lieu devint, en 1923, un musée dédié à l'art et à l'histoire de l'hôtel particulier.

Le quartier de la plaine Monceau devint à la mode dans les années 1870, popularisé par la célèbre Sarah Bernhardt qui vint s'y installer la première, suivie de figures littéraires, comme Alexandre Dumas fils et Edmond Rostand. L'atmosphère de l'hôtel particulier de Dubufe reflète le goût de l'époque pour l'éclectisme. La demeure a été restituée avec tous ses vestiges, le mélange de style y est poussé à l'extrême, mêlant néo-gothique, néo-Renaissance et japonisme. C'est la folie du mélange de genres.

Cet écrin est un cadre idéal pour découvrir le parcours de Jean-Jacques Henner, de ses débuts alsaciens à sa consécration parisienne. Malgré ses origines paysannes, ses talents de dessinateur le conduisirent aux Beaux-Arts, avant qu'un prix de Rome consacre sa carrière prestigieuse. Jean-Jacques Henner est un peintre échappant à toute classification. Nourri de beaucoup d'influences, il peignait une multitude de sujets : paysages, portraits, nymphes, nus… avec des styles oscillants entre l'académisme rigoureux et une idéalisation onirique. Les femmes rousses, à la peau diaphane et au visage empreint de mélancolie et de mystère, sont un thème récurrent dans l'œuvre de l'artiste, et sont sans doute parmi les représentations les plus emblématiques de son travail.

Adresse 43 avenue de Villiers, 75017 Paris, tél. 01 83 62 56 17, www.musee-henner.fr, publics@musee-henner.fr | Transports en commun Métro 2, arrêt Monceau ; Métro 3, arrêt Malesherbes ou Wagram ; Bus 20, arrêt Malesherbes ; Bus 20/93, arrêt Place-du-Général-Catroux | Horaires d'ouverture Tous les jours, sauf le mardi, de 11 h à 18 h | À savoir Le musée organise des visites-promenades dans le quartier de la plaine Monceau autour de thèmes qui varient (réservation sur le site du musée).

87 Le musée national Picasso
Le monstre sacré de l'art moderne

Installé dans le magnifique hôtel Salé, le musée Picasso héberge la collection la plus importante consacrée à ce monstre sacré de l'art moderne. Par sa diversité et sa qualité, cette collection, qui s'étend sur des domaines aussi variés que la peinture, la gravure, la céramique, le dessin et la sculpture, est la seule en son genre à offrir une vue d'ensemble de l'œuvre prolifique de l'artiste. Elle est enrichie de sa collection personnelle, y compris des objets africains et des œuvres d'autres peintres, tels que Cézanne et Matisse.

Les accrochages semi-permanents alternent entre présentations chronologiques, telles que la période bleue et le cubisme, et des salles thématiques, comme la mythologie ou l'Espagne, mettant en lumière son génie créatif. Le musée organise également des expositions temporaires d'artistes contemporains, dont les créations résonnent avec celles de Picasso.

Celui-ci a souvent puisé son inspiration chez les femmes : Fernande, Eva, Olga, Marie-Thérèse… Il entretenait avec elles des relations aussi inspirantes que passionnelles. 1932 a été une année charnière : l'artiste fit l'objet d'une rétrospective à la galerie Georges Petit. Il avait 50 ans, était déjà célèbre. Marié depuis 15 ans à Olga, Picasso s'éclipsait en cachette pour rejoindre sa maîtresse de 23 ans, Marie-Thérèse Walter, qu'il peignait avec frénésie dans son atelier parisien. Elle lui a inspiré des tableaux sublimes, comme *Le Rêve*.

Grâce à sa rencontre avec Marie-Thérèse, Picasso a introduit un nouveau langage pictural. Représentée à l'aide de formes simplifiées et de volumes arrondis, sa compagne est reconnaissable à ses cheveux blonds et à ses seins ronds. Il opère une juxtaposition des plans qui crée une nouvelle perspective.

L'alternance des nuances violettes, vertes, rouges et jaunes crée un relief dans la confusion des volumes. Sensualité et tendresse se dégagent de cette œuvre, que l'on peut admirer sur place.

Adresse 5 rue de Thorigny, 75003 Paris, tél. 01 85 56 00 36, www.museepicassoparis.fr | **Transports en commun** Métro 1, arrêt Saint-Paul ; Métro 8, arrêt Saint-Sébastien-Froissard ou Chemin-Vert ; Bus 29, arrêt Vieille-du-Temple | **Horaires d'ouverture** Du mardi au vendredi de 10 h 30 à 18 h, le samedi et le dimanche de 9 h 30 à 18 h | **À savoir** Visitez le plus vieux marché alimentaire de la capitale, à quelques pas de là : le marché couvert des Enfants Rouges. Faites le plein de produits frais et profitez d'une pause déjeuner à l'épicerie italienne, au traiteur libanais ou au snack japonais.

88 Le musée Nissim de Camondo

Dans l'intimité d'une maison de collectionneur

Le musée Nissim de Camondo est situé dans un superbe hôtel particulier construit en bordure du parc Monceau en 1911 par l'architecte René Sergent pour Nissim de Camondo. Issu d'une puissante famille de banquiers, le comte Moïse de Camondo, passionné par le XVIIIᵉ siècle, fit ériger cet hôtel particulier afin d'y abriter son exceptionnelle collection d'art décoratif français de la seconde moitié du XVIIIᵉ siècle. En 1935, en hommage à son fils, il légua l'hôtel et les collections à l'État. Dotée du confort moderne d'une maison du début du XXᵉ siècle, cette demeure reste le seul témoignage conservé dans son intégrité permettant de comprendre le fonctionnement d'une maison particulière de la plaine Monceau.

La collection comprend de prestigieuses pièces de mobilier des ébénistes Œben, Riesner, Sené, Weisweiler et Jacob, des peintures d'Hubert Robert, Robert Demachy et Francesco Guardi, des panneaux peints de Jean-Baptiste Huet, de la porcelaine de Sèvres, ainsi que des tapisseries des Gobelins. Jusqu'à son décès en 1935, le comte poursuivit ses acquisitions dans un souci de perfection et d'harmonie. Son hôtel particulier, à la pointe de la technologie, dissimulait sous l'aspect traditionnel du décor tout le confort dernier cri pour l'époque, tels l'éclairage indirect, des ascenseurs ou encore le téléphone.

Toutes les pièces de la maison sont restées en l'état : les salons d'apparat, les appartements particuliers, avec leurs salles de bains modernes, la salle du personnel, sans compter la cuisine ! Elle est située en demi-sous-sol, selon la tradition des grandes maisons du XIXᵉ siècle et se distingue par son style moderne, avec des carreaux de faïence blancs et des fourneaux au charbon en fonte. Chaque détail a été pensé pour une organisation optimale, permettant au cuisinier de se déplacer le moins possible. On rêverait d'une cuisine comme celle-ci !

Adresse 63 rue de Monceau, 75008 Paris, tél. 01 53 89 06 50, www.madparis.fr | Transports en commun Métro 2, arrêt Monceau ; Métro 2/3, arrêt Villiers ; Bus 20/30/93, arrêt Malesherbes-Courcelles | Horaires d'ouverture Du mercredi au dimanche de 10 h à 17 h 30 | À savoir Autres lieux incontournables du 8e arrondissement : les prestigieuses galeries d'art Hopkins, Lelong, Gagosian et Emmanuel Perrotin, qui dévoilent au public les plus belles œuvres contemporaines.

89 — Le musée de l'Orangerie
Des œuvres rares

L'Orangerie, nichée dans le jardin des Tuileries, n'était pas, à l'origine, dédiée à l'art. Construit en 1852 pour protéger les orangers du jardin du palais des Tuileries pendant les mois d'hiver, le bâtiment à l'architecture unique, avec sa façade vitrée orientée au sud et son mur plein au nord, laisse entrer une lumière naturelle. Ce n'est qu'en 1921 que le bâtiment a été confié à l'administration des Beaux-Arts, afin d'accueillir la collection Jean Walter et Paul Guillaume, et les célèbres *Nymphéas* de Claude Monet. La rareté des œuvres en fait l'un des plus importants musées de peinture de Paris.

C'est grâce à l'intervention de Georges Clemenceau en 1921 que l'ensemble mural des *Nymphéas*, offert par Monet à l'État comme un signe de paix après la Première Guerre mondiale, trouva sa place à l'Orangerie. Cet ensemble est l'une des plus vastes réalisations monumentales de la peinture de la première moitié du XXᵉ siècle. C'est à la lumière naturelle que l'on découvre le cycle peint par l'artiste, composé de huit toiles qui vous emportent dans le jardin de l'artiste à Giverny, en Normandie. Avec une minutie obsessionnelle, Monet a capturé pendant 30 ans chaque nuance lumineuse de ce paysage. Il a participé à l'aménagement des salles ovales du musée qui accueillent ses œuvres gigantesques ; la courbe des murs invite à la contemplation.

Le musée présente également la collection de Paul Guillaume, marchand d'art, ensuite enrichie par sa veuve Domenica et son second époux Jean Walter. Acquise par l'État en 1960, elle compte parmi les plus prestigieuses collections de peintures européennes, rassemblant 146 œuvres allant de 1860 aux années 30. Elle présente des œuvres de Renoir, Cézanne, Gauguin, Sisley, Modigliani, Matisse ou encore Picasso. Des expositions temporaires sont organisées tout au long de l'année, avec des thématiques allant de l'impressionnisme à l'art contemporain.

Adresse Jardin des Tuileries, place de la Concorde, 75001 Paris, tél. 01 44 50 43 00, musee-orangerie.fr | **Transports en commun** Métro 1/8/12, arrêt Concorde ; Bus 42/45/52/72/73/84/94, arrêt Concorde | **Horaires d'ouverture** Tous les jours, sauf le mardi, de 9 h à 18 h | **À savoir** Monet aurait vécu quelques années dans un studio sur la place de Fürstenberg, un petit coin de paradis à Saint-Germain-des-Prés. Aujourd'hui, c'est le quartier privilégié des décorateurs d'intérieur.

90 Le musée de l'Ordre de la Libération

Histoires d'héroïsme collectif et individuel

Le musée de l'Ordre de la Libération rend hommage à tous ceux qui ont lutté contre les forces de l'Axe et résisté à l'occupation nazie et au régime de Vichy en France durant la Seconde Guerre mondiale. Fondé en 1940 par le général de Gaulle, l'ordre de la Libération est une haute distinction honorant le courage et le patriotisme. Le musée présente des récits et des objets liés à cette période de l'histoire française.

Les compagnons de l'ordre de la Libération, décorés de la croix de la Libération, sont des hommes et des femmes de diverses origines sociales, des unités combattantes et même cinq villes françaises. Le musée expose leurs histoires à travers des documents, des photographies, des vidéos, des uniformes, des drapeaux et des objets personnels. Il met en lumière l'histoire de plus de 1 000 héros, illustrant la résilience et la détermination de la France à poursuivre la lutte après l'armistice de juin 1940. Ces récits émouvants rendent hommage à leur bravoure et à leur engagement.

Après avoir débuté une formation de pilote durant ses études, Jacques Joubert des Ouches quitta la France pour l'Angleterre avant l'armistice à bord d'un langoustier. Il servit dans les Forces aériennes françaises libres et vola avec des escadrons britanniques avant de rejoindre le groupe de chasse 2/2 Berry en 1944. Après 160 missions, il disparut près des côtes normandes lors du Débarquement. Un repère à Utah Beach indique où il se serait écrasé. Vous verrez ses insignes, ainsi qu'une poupée appartenant à un marin qui était à bord du *SS Empress of Australia*. Henri Fertet, l'un des plus jeunes Compagnons, rejoignit la Résistance à 15 ans en 1942. Leader de trois opérations contre les nazis, il fut arrêté en 1943 et exécuté. Dans une lettre émouvante à ses parents le jour de son exécution, il écrivit : « Je meurs pour ma patrie. Je veux une France libre. Mille baisers. Vive la France. »

Adresse Hôtel national des Invalides, 129 rue de Grenelle, 75007 Paris, tél. 01 47 05 35 15, www.ordredelaliberation.fr | Transports en commun RER C, arrêt Invalides ; Métro 8, arrêt La-Tour-Maubourg ; Métro 13, arrêt Saint-François-Xavier ou Varenne ; Bus 28, arrêt Invalides-La-Tour-Maubourg ; Bus 69, arrêt Esplanade-des-Invalides ; Bus 89/92, arrêt Vauban-Hôtel-des-Invalides | Horaires d'ouverture Tous les jours de 10 h à 18 h | À savoir Sur le quai Henri-IV, entre le port de l'Arsenal et la rue de Schomberg, se trouve l'esplanade des Villes-Compagnons-de-la-Libération, sur laquelle des plaques rendent hommage à six Compagnons femmes.

91 — Le musée d'Orsay
Pas uniquement les impressionnistes

Le musée d'Orsay présente des collections allant de 1848 à 1914, période où naissaient le réalisme, l'impressionnisme et l'Art nouveau, pour ne citer qu'eux. Réputé pour son exceptionnelle collection d'œuvres impressionnistes, il propose également un superbe parcours de sculptures installé sous la verrière de l'ancienne gare Belle Époque, qui mérite que l'on s'y attarde. On y croise, entre autres, *La Liberté* d'Auguste Bartholdi et *La Danse* de Jean-Baptiste Carpeaux. Ce dernier fut l'un des sculpteurs les plus marquants de la seconde moitié du XIXe siècle. Son génie s'exprima à travers l'une des œuvres les plus scandaleuses de l'histoire de la sculpture de ce siècle : *La Danse*.

Cette dernière fait partie d'un haut-relief réalisé pour orner la façade nouvellement construite de l'Opéra Garnier. Le jeune architecte Charles Garnier proposa à Carpeaux, son ancien camarade d'école, la réalisation de l'une des quatre sculptures. Le sculpteur conçut une ronde de bacchantes virevoltant autour du génie de la danse. Ce chef-d'œuvre est exprimé par la tension contenue et bridée du mouvement tournoyant des bacchantes qui s'échappent par le corps du génie. Lorsque la sculpture fut dévoilée au grand public, fin 1869, elle trancha avec la fadeur des trois autres. Le torse du génie provoqua la lettre éperdue de désir d'une admiratrice qui demanda à l'artiste « de lui faire savoir l'heure et le lieu où elle puisse voir celui qui vous a servi de sujet ».

Les critiques furent divisées ; certains crièrent à l'obscénité, la qualifiant de « lupanar » et l'accusant d'insulter la morale publique. La controverse atteignit son paroxysme lorsque, une nuit, une bouteille d'encre fut jetée sur la sculpture, laissant une tache noire. Quant à Garnier, il reçut 100 lettres d'injures ! Pour sauver la statue, Carpeaux se tourna vers Napoléon III, sans succès. Finalement, lorsque la guerre contre la Prusse éclata, l'affaire fut oubliée et la sculpture fut gardée.

Adresse 1 rue de la Légion-d'Honneur, 75007 Paris, tél. 01 40 49 48 14, www.musee-orsay.fr | Transports en commun RER C, arrêt Musée-d'Orsay ; Métro 12, arrêt Solférino ; Bus 68/69/73/87, arrêt Musée-d'Orsay | Horaires d'ouverture Du mardi au dimanche de 9 h 30 à 18 h | À savoir À l'entrée du jardin des Grands-Explorateurs, face au palais du Luxembourg, se trouve l'une des plus belles fontaines de Paris : la fontaine des Quatre-Parties-du-Monde, également de Jean-Baptiste Carpeaux. On retrouve le style dynamique et le mouvement tournoyant des allégories.

92—Le musée du Papillon
J'existe, je n'existe pas

« Tournez-vous vers la porte », demande Frédéric Ravatin, le fondateur de ce musée situé dans le 20ᵉ arrondissement. Après une ou deux minutes avec, en bruit de fond, des meubles que l'on déplace, on peut finalement se retourner. Comme par magie, le salon et le bureau sans prétention se sont métamorphosés : les bibliothèques dissimulent des vitrines d'exposition, habitées par des centaines d'espèces de papillons, dont les spécimens se comptent par milliers.

Frédéric Ravatin accueille particuliers et petits groupes chez lui pour raconter son histoire et partager sa passion des papillons. Ayant capturé son premier papillon à l'âge de 6 ans, il a par la suite rassemblé des espèces provenant de diverses régions de France et de nombreux pays du monde. Ce dernier travaille dans la conception d'espaces d'exposition… un savoir-faire que l'on retrouve dans l'agencement raffiné de sa collection. Ainsi, les vitrines sont en réalité des étagères gigognes : chaque vitrine déployée laisse entrapercevoir de nouveaux insectes. À ses côtés, on apprend les secrets de l'anatomie du papillon ou encore l'origine des différents motifs et couleurs – d'ailleurs, la forme des ailes naturalisées diffère de leur position en vol. Monsieur Ravatin aime aussi présenter ses espèces favorites ou raconter les histoires tirées de ses voyages de collecte. Il dégage ensuite l'espace de deux bureaux de travail qui s'avèrent être également des vitrines – même les pieds des meubles recèlent des papillons ! De petits tiroirs individuels laissent apparaître les spécimens les plus rares et imposants.

À la fin de la visite, monsieur Ravatin illustre subtilement pourquoi les papillons nous échappent si facilement lorsque nous sommes à leur recherche. Lorsqu'ils sont posés, immobiles, avec leurs ailes repliées, ils se fondent presque totalement dans le paysage… jusqu'à nous sauter au visage lorsqu'ils déploient leurs appendices colorés et s'envolent ! « J'existe, je n'existe pas », chantonne-t-il.

Adresse 4 rue Géo-Chavez, 75020 Paris, tél. 01 44 87 00 44, www.musee-du-papillon.fr |
Transports en commun Tram 3b, arrêt Porte-de-Bagnolet ; Métro 3, arrêt Porte-de-
Bagnolet ; Bus 76/102/351, arrêt Porte-de-Bagnolet | Horaires d'ouverture Uniquement
sur rendez-vous | À savoir L'entrée du musée est située rue du Père-Prosper-Enfantin, un
escalier public qui mène à la Campagne à Paris. Ce quartier voisin, situé à flanc de colline,
est doté de rues pavées et comprend quelques maisons historiques bâties au début du
XXe siècle pour les travailleurs aux modestes revenus.

93 Le musée du Parfum Fragonard

Des glandes de civette aux parfums modernes

Le nom des parfumeurs Fragonard est un hommage au peintre Jean-Honoré Fragonard. Le musée a été créé par l'ancien directeur Jean-François Costa, un collectionneur passionné de fioles de parfum, de nécessaires de toilette et de trousses de voyage…

Le musée présente le processus de fabrication du parfum et possède une belle collection d'objets en tout genre. Mais pourquoi y voit-on une civette empaillée ? Car les sécrétions des glandes de l'animal ont longtemps été utilisées dans les parfums afin d'en réchauffer les notes. Aujourd'hui, elles sont remplacées par des équivalents de synthèse, mais leur utilisation en parfumerie reste intrigante. L'orgue de parfumerie, lui, ressemble en effet au célèbre instrument de musique et permettait au parfumeur d'accéder à des centaines de matériaux bruts nécessaires à la création de fragrances. Une gigantesque marmite rappelle combien les techniques utilisées ici ressemblent à celles des spiritueux.

La collection de Costa comprend des objets anciens, jusqu'à 3000 avant J.-C., tels qu'une palette de maquillage égyptienne et des amphores grecques. On y trouve aussi de précieux flacons anciens, dont un en verre vénitien du XVIe siècle et un en cristal du XVIIIe siècle, rangés dans une mallette ornée de nacre. Des flacons à l'effigie de Marie-Antoinette, grande amatrice de parfums, sont présentés dans un coffre en cuir marocain. Un nécessaire datant du Premier Empire, rempli de produits de beauté et de fils de couture, est composé de cristal et de perles de nacre. Un flacon de 1930 élaboré par René Lalique contient la fragrance « Suprême » de Fragonard, tandis qu'un autre renferme le parfum « Tabac ». Le parfum signature « Belle de Nuit » est conservé, lui, dans un flacon en or, protégé par une boîte de velours rouge. Après cette immersion dans l'histoire de la parfumerie, visitez la boutique Fragonard qui saura vous séduire par ses envoûtantes fragrances.

Adresse 9 rue Scribe, 75009 Paris, tél. 01 40 06 10 09, musee-parfum-paris.fragonard.com, tourisme@fragonard.com | Transports en commun RER A, arrêt Auber ; RER E, arrêt Haussmann-Saint-Lazare ; Métro 3/7/8, arrêt Opéra ; Métro 12/14, arrêt Madeleine ; Métro 9, arrêt Havre-Caumartin ; Métro 13, arrêt Saint-Lazare ; Bus 20/21/27/29/32/45/52/66/68/95, arrêt Opéra | Horaires d'ouverture Du lundi au samedi de 9 h à 18 h | À savoir Au coin du musée se trouve le théâtre de l'Athénée Louis-Jouvet, nommé d'après le célèbre acteur et réalisateur français décédé dans sa loge en 1951.

94 Le musée Paul Éluard

Un ancien carmel devenu musée

Installé dans un monastère des carmélites de la ville de Saint-Denis édifié au XVIIᵉ siècle, le musée d'Art et d'Histoire Paul Éluard déploie des collections qui font sa renommée. Madame Louise, fille de Louis XV, y séjourna. Au fil du parcours, on découvre le couvent des carmélites, le jardin, la chapelle datant de 1779, les salles dédiées à l'archéologie, une apothicairerie du XVIIIᵉ siècle et des paysages signés Paul Signac et de Camille Corot. Mais deux fonds participent au rayonnement du musée grâce à leur originalité et leur ampleur : le fonds Paul Éluard, et le fonds du siège et de la Commune de Paris.

La Commune de Paris, la dernière révolution française qui a eu lieu entre 1870 et 1871, est une période de l'histoire mal connue. Cette collection est la plus complète qui existe sur le sujet : œuvres d'art, affiches, objets et journaux racontent l'histoire de cette tentative de révolution sociale. Un moment fort est la *Vitrine de l'année terrible*, de 1871, qui illustre le quotidien des Parisiens pendant les mois d'hiver et les 72 jours insurrectionnels de la Commune. Pour lui donner vie, Nicolas Kohl, peintre en voiture, a rassemblé nombre d'objets du quotidien : un morceau de charbon trouvé dans les entrailles d'un homme ou encore des ossements de rats et de chats mangés par les habitants.

Quant au fonds Paul Éluard, il est né d'un don du poète à sa ville natale en 1951. Composé d'œuvres d'art et de manuscrits, il témoigne du génie poétique d'Éluard, de son amour de l'art et de ses engagements pour les mouvements surréalistes et politiques. La pièce phare est le manuscrit du premier jet du poème *Liberté*. Originellement écrit comme une ode à sa femme, il est devenu, par la suite, un poème politique doté d'une immense puissance symbolique pendant la Résistance et publié dans le monde entier. On l'apprend à l'école, et il a été remis sur le devant de la scène lors des attentats de 2015, en soutien aux victimes, rappelant son intemporalité.

Adresse 22 bis rue Gabriel-Péri, 93200 Saint-Denis, tél. 01 83 72 24 57, www.musee-saint-denis.fr, musee@ville-saint-denis.fr | Transports en commun RER D, arrêt Gare-de-Saint-Denis ; Métro 13, arrêt Porte-de-Paris ; Bus 153/170/239/253/254/255, arrêt Porte-de-Paris | Horaires d'ouverture Le lundi, le mercredi et le vendredi de 10 h 30 à 17 h 30, le jeudi de 10 h 30 à 20 h, le samedi et le dimanche de 14 h à 18 h 30 | À savoir Les derniers combats de la Commune de Paris se sont concentrés au Père-Lachaise. Près de 200 fédérés y furent fusillés contre le mur nord-est du cimetière. Une plaque de marbre, gravée « aux morts de la Commune, 21-28 mai 1871 », y est apposée.

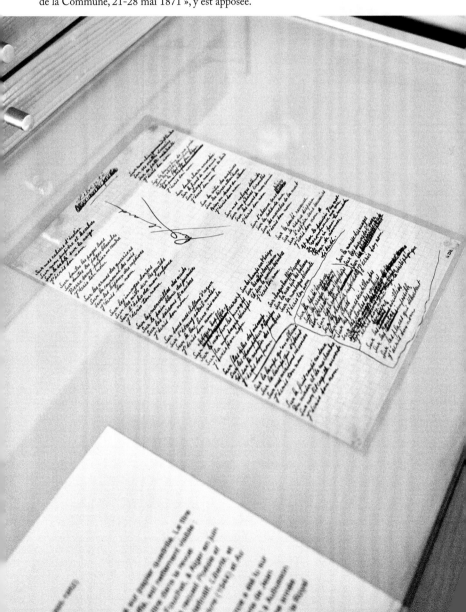

95 Le musée des Plans-Reliefs

Un avertissement visuel aux ennemis de la France

Ne songez même pas à envahir la France ! Voilà le message que tout diplomate étranger aurait entendu en circulant entre les plans-reliefs du Louvre au XVIIe siècle. Créés par Louis XIV pour se prémunir des invasions extérieures ou d'éventuelles rébellions domestiques, ces plans-reliefs représentaient les lignes de défense des villes et des châteaux fortifiés de l'ensemble du pays. L'État français continua de produire ces maquettes jusqu'au XIXe siècle, avant qu'elles soient remplacées par d'autres techniques de cartographie. Aujourd'hui, une collection de plusieurs dizaines de modèles est exposée au musée des Plans-Reliefs, situé au dernier étage des Invalides. Chaque plan-relief présente un lieu différent avec des détails saisissants. Une série de petites tables en bois, chacune représentant un segment de carte, sont connectées comme des puzzles géants, afin de créer un plan plus vaste. Certains, comme celui de Bayonne, ont une superficie de plusieurs douzaines de mètres carrés. Chaque plan, à échelle 1/600, montre la topographie de la ville, de ses terres agricoles et des voies d'eau. Les artisans copiaient fidèlement les tracés des rues et créaient bâtiments et arbres un par un. Plus important encore, ils ont documenté les défenses élaborées mises en place pour protéger les emplacements stratégiques.

Le plan-relief le plus surprenant est certainement celui du mont Saint-Michel. Créée par un moine vivant dans l'abbaye, cette maquette reproduit le relief escarpé de l'île et ses moindres bâtiments avec une extrême finesse. L'église s'ouvre, afin d'accéder à son intérieur. Et si vous observez attentivement, vous apercevrez des visages derrière certaines fenêtres. Ce modèle et ses compagnons ont été dissimulés dans une pièce de stockage pendant la Seconde Guerre mondiale. Des restaurations plus récentes ont révélé qu'il a, pendant un temps, servi de logis à une famille de rongeurs.

Adresse Hôtel national des Invalides, 129 rue de Grenelle, 75007 Paris, tél. 01 45 51 92 45,
www.museedesplansreliefs.culture.fr | Transports en commun RER C, arrêt Invalides ;
Métro 8, arrêt La-Tour-Maubourg ; Métro 13, arrêt Saint-François-Xavier ou Varenne ;
Bus 28, arrêt Invalides-La-Tour-Maubourg ; Bus 69, arrêt Esplanade-des-Invalides ;
Bus 89/92, arrêt Vauban-Hôtel-des-Invalides | Horaires d'ouverture D'avril à octobre, tous
les jours de 10 h à 18 h ; de novembre à mars, tous les jours de 10 h à 17 h | À savoir Si vous
voulez rendre un très bel hommage à la charcuterie française, rendez-vous au restaurant
Arnaud Nicolas, au 4 avenue de la Bourdonnais.

96 Le musée de la Police

Il n'y a pas que la guillotine

La guillotine est un symbole prégnant de la Révolution française, mais saviez-vous qu'elle est restée un moyen d'exécuter les criminels condamnés à mort en France jusqu'en 1977 ? Voilà l'un des nombreux faits que vous apprendrez lors de votre visite au musée de la Police.

Le musée explore l'histoire de la police depuis le XVIIe siècle, époque au cours de laquelle des groupes concurrents s'occupaient des diverses fonctions administratives de la ville, jusqu'à la création d'une force de police officielle par Napoléon en 1800, jusqu'à aujourd'hui. Il met en avant l'évolution des techniques policières et des tendances criminelles de la société selon l'époque. Par exemple, l'émergence d'un terrorisme anarchique et de gangs violents de la fin du XIXe siècle a entraîné de grands changements : les patrouilles à pied et les matraques firent place aux voitures et aux pistolets Browning. En 1914, la première école de police fut établie pour former aux techniques d'enquête et aux pratiques éthiques. Une présentation sur les « mœurs de la police » met en lumière le changement progressif d'attitude vis-à-vis de la prostitution. Dans la section dédiée au XXe siècle, un mémorial honore les 167 policiers tombés lors de la libération de Paris.

La police française a également joué un rôle essentiel dans le développement des technologies de lutte contre la criminalité et la récidive. En 1882, Alphonse Bertillon créa une méthode d'identification des récidivistes potentiels grâce à 14 mesures physiques, telles que la taille et la circonférence de la tête. Il initia aussi le principe des photos d'identité judiciaire de face et de profil, exposées dans la reconstitution de son studio. La police enregistrait jusqu'à 100 séries de mesures par semaine, accumulant des dossiers sur des milliers de criminels. Ce système fut utilisé pendant des années avant d'être supplanté par les empreintes digitales et d'autres techniques plus modernes.

Adresse 4 rue de la Montagne-Sainte-Geneviève, 75005 Paris, tél. 01 44 41 52 50, www.prefecturedepolice.interieur.gouv.fr/musee | **Transports en commun** Métro 10, arrêt Maubert-Mutualité ; Bus 24/47/63/86/87, arrêt Maubert-Mutualité | **Horaires d'ouverture** Le mardi, le mercredi et le vendredi de 9 h 30 à 17 h (le jeudi jusqu'à 19 h). Le premier et le troisième samedi du mois de 10 h 30 à 17 h 30 | **À savoir** La Maison d'Isabelle, au coin de la place Maubert, a reçu de nombreux prix pour ses croissants. Ses baguettes et ses palmiers donnent également l'eau à la bouche.

97__Le musée de la Poste
As-tu reçu ma lettre ?

Souvent prise pour acquise, la poste est mise à l'honneur dans le musée de la Poste, nouvellement rénové. Rouvert en 2019, le musée propose des espaces ouverts et accueillants, illustrant l'importance historique de la poste à travers récits et objets. Le musée présente une riche collection d'uniformes, de boîtes aux lettres, de sacs postaux et de signalétiques, ainsi qu'une exposition de tous les timbres français émis depuis 1849.

Ce fonds met en lumière l'évolution des méthodes d'envoi et de livraison. Les services postaux ont démarré au XVIe siècle avec la poste aux chevaux. L'uniforme d'un cavalier de poste du début du XIXe siècle incluait une paire de bottillons noirs en fer. Pensées pour protéger les jambes, les bottes pesaient chacune environ 3 kilogrammes et, de ce fait, ne pouvaient pas être utilisées pour marcher. Tout au long des XVIIIe et XIXe siècles, le recours à des voitures tirées par des chevaux et à des messagers a considérablement réduit les temps d'acheminement des lettres et colis entre les grandes villes. Avec les progrès techniques, la combinaison de bureaux postaux mobiles et la réduction du temps de transport ont fait des services postaux l'un des premiers à recourir au train dès 1841, et ce jusqu'en 2015. Afin d'améliorer les livraisons dans les zones rurales, les services postaux commencèrent à utiliser des véhicules de service Renault en 1926. Ce service spécial s'arrêta en 1990, mais les camionnettes restent aujourd'hui le mode de transport principal du courrier français. La fascination de la France pour l'aviation a naturellement mené au lancement du service aérien en 1912, peu après le vol de Louis Blériot au-dessus de la Manche.

Une des surprises du musée est la machine pneumatique. Saviez-vous que de 1866 à 1984, un réseau de 450 kilomètres de tubes à air comprimé était installé dans les égouts de Paris afin de relier 130 bureaux de poste et de faire circuler des millions de lettres ?

TIMBRES-POSTE de 50^c

une pièce française
de 50 c.
pour un timbre
de 50 c.

Vide

Vide

une pièce française
de 1 Fr.
pour deux timbres
de 50 c.

1. — **Attendez** que la pièce soit tombée
2. — **Tournez** à fond la manivelle
de gauche à droite et **lachez.**

R F

⚬ **Sortie de timbres** ⚬

Adresse 34 boulevard de Vaugirard, 75015 Paris, tél. 01 42 79 24 24, www.museedelaposte.fr,
museeposte.info@laposte.fr | Transports en commun Métro 6/12, arrêt Pasteur ; Métro 4/6/
12/13, arrêt Montparnasse-Bienvenüe ; Bus 39/91/95, arrêt Armorique-Musée-Postal |
Horaires d'ouverture Tous les jours, sauf le mardi, de 11 h à 18 h | À savoir Rendez-vous
absolument au marché aux timbres, un bonheur pour les philatélistes en herbe (au coin de
l'avenue Marigny et de l'avenue Gabriel).

98_Le musée du Quai Branly
Voyage au bout du monde

Le musée du Quai Branly met les arts premiers à l'honneur en exposant des objets venus des différents continents : Asie, Afrique, Océanie et Amérique. Ces trésors sont logés dans un édifice sur pilotis conçu par l'architecte Jean Nouvel. Cette plongée au cœur des civilisations permet aux visiteurs de s'émerveiller devant plus de 3 500 œuvres, qui ne représentent que 1 % du fonds du musée. De fait, ces pièces agencées par région géographique sont régulièrement renouvelées.

De tous les continents, l'Océanie demeure peut-être le plus insaisissable alors qu'il associe de vastes territoires et une multitude d'archipels et d'atolls. Les expressions artistiques en Océanie révèlent une immense variété et montrent les liens qui unissent les hommes à leur milieu, à leur mode de vie et à leurs croyances. Parmi ces trésors, les poteaux bisj attirent inévitablement le regard. Ces poteaux géants, sculptés de motifs, sont produits par le peuple Asmat de l'île de Nouvelle-Guinée. D'après les mythes, les âmes des défunts trouvent la paix dans le Safan.

Avant de l'atteindre, elles errent et peuvent causer des ennuis ou troubler l'équilibre du groupe. Pour le peuple Asmat, la mort n'arrive jamais de façon naturelle. La présence de ces poteaux au sein du village rappelle les décès des villageois et incite à lancer « une chasse aux têtes » envers un village ennemi pour venger les morts et inviter les âmes à rejoindre le Safan. Le but de cette pratique est de garder l'équilibre du groupe et d'en assurer fertilité et sécurité. Après les combats, une cérémonie est organisée, au cours de laquelle les hommes récitent le nom de leurs victimes. Une fois le rituel terminé, les poteaux sont ramenés dans la mangrove pour y pourrir et nourrir à leur tour les sagoutiers. Le cycle de vie et de mort est ainsi respecté. Ce voyage permet de percer les mystères de ces civilisations lointaines.

Adresse 37 quai Branly, 75007 Paris, tél. 01 56 61 70 00, www.quaibranly.fr | Transports en commun RER C, arrêt Pont-de-l'Alma ; Métro 9, arrêt Alma-Marceau ; Métro 8, arrêt École-Militaire ; Bus 42, arrêt Tour-Eiffel ; Bus 42/63/80/92, arrêt Bosquet-Rapp | Horaires d'ouverture Du mardi au dimanche de 10 h 30 à 19 h (le jeudi jusqu'à 22 h) | À savoir Découvrez le mur végétal du musée, agrémenté de 15 000 plantes choisies par le botaniste Patrick Blanc. Le jardin de 1,8 hectare, de Gilles Clément, est aussi une merveille.

99 Le musée Rodin
La liberté d'expression

Le musée Rodin de Paris est l'un des rares musées à avoir été créé par l'artiste lui-même. De fait, il a une âme et une empreinte. À la fin de sa carrière, Auguste Rodin s'est installé à l'hôtel Biron, qui était alors loué à des artistes. Amoureux du lieu pour sa lumière, il voulut assurer sa postérité en créant son musée, ce qu'il fit grâce à la participation de l'État. Le musée a la particularité d'exploiter les fonds d'atelier de l'artiste. En parcourant les salles, on découvre le processus créatif de Rodin en admirant ses dessins, ses ébauches et ses plâtres. C'est un peu comme si vous étiez assis à côté du sculpteur au travail.

Les salles consacrées aux œuvres de sa fin de carrière sont surprenantes. C'est le Rodin que l'on connaît peu, qui n'avait plus rien à prouver. À ce moment de sa vie, il poursuivait ses recherches, passionné par l'Antique et les civilisations étrangères. Rodin constitua un répertoire de formes et comprit que l'état fragmenté d'un corps n'altérait pas sa beauté. Ainsi, il fut l'un des premiers sculpteurs à représenter des morceaux de corps et à rechercher de nouveaux univers de forme, tout en s'amusant à assembler des fragments dont il se jouait des proportions. Ainsi, vous serez captivé par une femme qui prend un bain dans une coupelle, un buste d'homme qui s'extrait d'un vase, des morceaux de membres entrelacés. C'est radical et complètement décalé. La fin de sa carrière reflète sa liberté de création.

N'oubliez pas les œuvres qui ont fait son succès, dont nombre d'entre elles se trouvent dans le jardin créé dans le goût du XVIIIe : elles sont une intarissable source d'inspiration et d'émotion. Dans *Le Baiser*, *La Cathédrale* et *Balzac*, Rodin associe deux extrêmes : la subtilité et la sensualité, en opposition avec les expressions d'effroi et de douleur. Sa force d'expression est exceptionnelle. Vous trouverez toujours une sculpture qui fera écho avec votre ressenti.

Adresse 77 rue de Varenne, 75007 Paris, tél. 01 44 18 61 10, www.musee-rodin.fr |
Transports en commun Métro 13, arrêt Varenne ; Bus 83/87/93, arrêt Invalides | Horaires
d'ouverture Du mardi au dimanche de 10 h à 18 h 30 | À savoir Ne manquez pas les œuvres
de Rodin hors des musées, comme la statue de d'Alembert sur la façade du pavillon d'angle
gauche de l'hôtel de ville, le bas-relief sur la façade de l'ancien théâtre des Gobelins, ou
encore la façade de l'hôtel de la Païva.

100 Le musée Rodin de Meudon

Bienvenue dans la maison de Rodin

Auguste Rodin a fait l'acquisition de cette maison après sa rupture avec la sculptrice Camille Claudel. Le lieu ressemble à une maison de campagne rustique, avec ses vaches, ses chevaux et ses cabanes pour les ouvriers. Baignée dans une ambiance qui rappelle celle d'un petit village, la maison est assez modeste. Rodin en a fait un lieu de convivialité, où il recevait et travaillait.

Accolé à sa maison se trouve son atelier des antiques ; en contrebas du jardin, il fit transporter le pavillon de l'Alma, qu'il avait fait construire en 1900 pour une exposition à Paris, devenu par la suite son atelier. Rodin et sa femme, Rose Beuret, sont enterrés en face, avec *Le Penseur* surplombant la tombe comme un hommage.

Son atelier présente ses œuvres en plâtre, son matériau de prédilection. Des formes y étaient moulées et entreposées, témoignant de son approche fondée sur l'assemblage. On peut voir six versions de la statue de Victor Hugo : habillé, nu, le bras coupé, tendu – la version finale est sans bras. Rodin tâtonnait dans une sorte de bricolage permanent. Sa méthode traduit un souci de la justesse de la forme et de l'expression… et de la patience. Il mit 10 ans à terminer *Les Bourgeois de Calais*. Bien que sa maquette ait été tout de suite acceptée, il avait le sentiment de n'avoir pas exprimé sa vision. De fait, au lieu de présenter des figures héroïques, il fit le choix de mettre en avant l'émotion humaine, oscillant entre désespoir et effroi, et proposa une autre version qui fut cette fois refusée. Cette anecdote éclaire sur la liberté de l'artiste qui, au-delà des conventions en vigueur à l'époque, se tournait vers l'expression des sentiments. Après des années de travail assidu, son art a été finalement reconnu par les critiques qui l'ont salué comme « celui qui a rendu vie à la sculpture ». Ce qui intéressait Rodin, c'était d'entrer dans le monde de l'émotion et de la capacité d'expression.

Adresse 19 avenue Auguste-Rodin, 92190 Meudon, tél. 01 41 14 35 00, www.meudon.musee-rodin.fr | **Transports en commun** RER C, arrêt Meudon-Val-Fleury, puis Bus 169/190/290, arrêt Hôpital-Percy ; Métro 12, arrêt Mairie-d'Issy, puis Bus 169/190/290, arrêt Hôpital-Percy | **Horaires d'ouverture** De mars à octobre, le samedi et le dimanche de 10 h à 18 h | **À savoir** Vous pouvez pique-niquer dans le parc de la propriété. N'oubliez pas d'apporter de quoi manger, car il n'y a pas de restaurant ou de buvette sur les lieux.

101 Le musée du Service de santé des armées
Progrès et réalités tragiques

L'église monumentale, commanditée par la reine Anne d'Autriche, constitue une des pièces maîtresses du musée du Service de santé des armées. Comme bon nombre de musées de la capitale, cette architecture particulière du bâtiment participe amplement au plaisir de la visite.

Près de l'entrée, ne manquez pas la collection du docteur François Debat, dans laquelle on découvre de belles pièces de faïence italienne datant du XVIe au XVIIIe siècle. À l'étage, le musée fait la part belle à l'histoire du service de santé et au rôle prépondérant qu'a joué la guerre dans les avancées de la médecine. La Première Guerre mondiale en est un exemple prégnant : durant le conflit, le service a dû faire face à des blessures d'une gravité sans précédent. Le musée présente une exposition sur l'évacuation, en montrant notamment des civières utilisées pour transporter les blessés hors des lignes de front. De nouveaux types de véhicules – ambulances motorisées, trains-hôpitaux et avions spéciaux – ont vu le jour pour transporter les blessés avec le plus de précautions possibles.

Les gaz neurotoxiques provoquèrent d'énormes dégâts humains – une vitrine expose plusieurs modèles de masques utilisés par les soldats français pour s'en protéger. Les charges d'infanterie furent à l'origine de terribles blessures crâniennes et au visage : des modèles de cire illustrent les progrès des chirurgies réparatrices maxillo-faciales. Une section dédiée aux patients montre les conséquences physiques multiples du stress post-traumatique sur les victimes de guerre.

La dernière exposition, plus optimiste, se penche sur les efforts entrepris par le service pour éradiquer les infections virales, contrôler les infections parasitaires et améliorer l'hygiène collective et individuelle. En effet, les maladies peuvent impacter les armées et les populations civiles aussi gravement que les balles et les bombes.

Adresse 1 place Alphonse-Laveran, 75005 Paris, tél. 01 40 51 51 92, evdg.sante.defense.gouv.fr/decouvrir-le-musee, ssa-musee.contact.fct@def.gouv.fr | **Transports en commun** RER B, arrêt Port-Royal ; Bus 83/91, arrêt Port-Royal-Saint-Jacques | **Horaires d'ouverture** Du mardi au dimanche de 11 h à 18 h | **À savoir** L'hôtel de Massa, du XVIIIe siècle, a changé d'emplacement en 1929, passant des Champs-Élysées aux jardins de l'Observatoire de Paris (www.sgdl.org).

102 Le musée de Sèvres

Premier musée exclusivement réservé à la céramique

Le musée de Sèvres est un musée dédié à la céramique, fondé en 1824 par Alexandre Brongniart, alors directeur de la Manufacture de Sèvres. Visionnaire, il eut l'idée de créer un musée pour rassembler des pièces en céramique venues du monde entier pour ses artisans, afin de leur apporter une source d'inspiration et les moyens d'améliorer leurs techniques.

Depuis sa création, le musée n'a eu de cesse de s'enrichir : il rassemble aujourd'hui plus de 50 000 pièces de toutes les époques et de tous les pays. La céramique est certes utilisée pour des services de table, mais également pour un grand nombre d'objets étonnants. Ainsi, cette visite réserve bien des surprises.

La collection présente des œuvres de l'Antiquité, des céramiques d'Iznik, du Moyen-Orient, des porcelaines de Chine, des majoliques de la Renaissance italienne, des céramiques de la famille Médicis, de Delft, des terres cuites précolombiennes d'Amérique du Sud ; ainsi que des pièces des manufactures européennes et françaises. On apprend que la Chine a exercé une grande influence sur le monde entier, puisqu'elle a été le premier pays à découvrir la technique de la porcelaine au VIIe siècle. L'Europe perça le mystère des siècles plus tard.

Des espaces dédiés exposent les collections de porcelaine de Sèvres. On y observe l'influence de la Renaissance italienne et de la porcelaine chinoise. François Boucher, quant à lui, lui a insufflé un style unique. Ses motifs ont donné à la production de Sèvres une identité visuelle distincte, reconnue dans le monde entier. Elle se distingue aussi par sa couleur bleu céleste ; la manufacture fut longtemps la seule à maîtriser la technique de la pose de l'or. Des artistes de renom ont créé des œuvres pour enrichir son fonds : de Boucher à Rodin, ou encore Bourgeois, Sottsass, et bien d'autres. Admirez le vase étrusque commandé par Napoléon ou encore le vase de Neptune, avec ses 3,15 mètres de hauteur.

Adresse 2 place de la Manufacture, 92310 Sèvres, tél. 01 46 29 38 01,
www.sevrescitéceramique.fr, visite@sevrescitéceramique.fr | Transports en commun
Tram 2, arrêt Musée-de-Sèvres ; Métro 9, arrêt Pont-de-Sèvres ; Bus 169/171/179/426,
arrêt Musée-de-Sèvres | Horaires d'ouverture Tous les jours, sauf le mardi, de 10 h à 18 h |
À savoir Vous pouvez aller découvrir les ateliers de la Manufacture de Sèvres sur réservation
au 01 46 29 22 05 ou sur visite@sevrescitéceramique.fr.

103 Le musée de la Vie romantique

À la découverte du mouvement romantique du XIXe

Le musée de la Vie romantique est un lieu mystérieux qui ne se dévoile pas immédiatement. Il faut d'abord emprunter une allée qui semble nous convier dans l'intimité d'une demeure d'époque. En effet, elle mène à la maison d'Ary Scheffer, peintre néerlandais du XIXe siècle, dont les murs ont jadis résonné des éclats de voix de figures emblématiques du mouvement romantique : George Sand, Fréderic Chopin, Eugène Delacroix, Alfred de Vigny... Difficile de ne pas tomber sous le charme.

En 1811, Ary Scheffer et sa famille s'installèrent dans le quartier de la Nouvelle-Athènes, refuge d'artistes, d'écrivains et de musiciens. Rapidement, il s'inscrit dans le sillage de la vie politique et artistique française : il fut présenté au duc d'Orléans, futur roi Louis-Philippe, et enseigna le dessin à ses enfants. Mais c'est surtout depuis son atelier que Scheffer marqua l'époque : chaque vendredi soir, il y organisait des salons, où se pressaient les figures du mouvement romantique, faisant de ce lieu un épicentre de l'effervescence intellectuelle de Paris.

Dans cette atmosphère intime, les artistes se réunissaient pour écouter de la musique ou déclamer des vers. Frédéric Chopin, n'appréciant guère les grandes représentations, aimait s'y produire. Aujourd'hui, en pénétrant dans l'atelier-salon, on a le sentiment de faire une immersion dans ces fameuses soirées : le piano, la bibliothèque, le poêle, ainsi que les toiles d'Ary Scheffer nous transportent dans cette époque révolue. La demeure, décorée au goût du XIXe, abrite également les œuvres de Scheffer et de ses pairs : de merveilleuses aquarelles écrasées et une collection d'objets ayant appartenu à George Sand, ainsi que l'album *Liber amicorum* de la tragédienne Rachel, dans lequel elle recueillait les mots et les dessins de ses amis. Ce musée est un témoin vibrant de l'esprit romantique français.

Adresse Hôtel Scheffer-Renan, 16 rue Chaptal, 75009 Paris, tél. 01 55 31 95 67, www.museevieromantique.paris.fr | Transports en commun Métro 2, arrêt Blanche ; Métro 2/12, arrêt Pigalle ; Métro 12, arrêt Saint-Georges ; Bus 68/74, arrêt Blanche-Calais | Horaires d'ouverture Du mardi au dimanche de 10 h à 18 h | À savoir L'enseigne Rose Bakery s'est installée dans le jardin et la serre du musée pour vous accueillir à l'heure du thé. C'est un petit coin de paradis, avec les meilleurs gâteaux de la capitale.

104 Le musée du Vin

Des caves à vin et la cachette de Balzac

Il est bien naturel que la France, célèbre pour sa viticulture, abrite un musée du Vin à Paris. Historiquement, la région autour de Paris, notamment Argenteuil, a été pendant plusieurs siècles la principale région viticole de France. Le musée du Vin se situe à Passy, un ancien lieu d'extraction de calcaire qui fournissait la pierre pour la construction de la ville. Sur ce même lieu, le monastère de l'ordre des Minimes se tenait sur un site entouré de jardins en terrasse et de vignobles de 1472 jusqu'à la Révolution. Les frères produisaient alors l'un des vins préférés de Louis XIII.

Le Conseil des échansons de France, fondé pour sauvegarder le savoir et la qualité des vins français et promouvoir leurs appellations, dirige le musée depuis 1984. Les visiteurs peuvent y explorer l'histoire de la vinification et découvrir les techniques et outils des vignerons. Les anciennes caves sinueuses dévoilent une collection impressionnante d'artefacts, allant de poteries gallo-romaines aux outils modernes, illustrant les diverses étapes de la vinification. Vous serez étonné par la variété d'outils nécessaires à la culture des vignes, à la fermentation des raisins et à l'embouteillage du vin : sarcloirs, charrues, alambics en cuivre… On peut également y admirer une riche collection de bouteilles et une vaste gamme de tire-bouchons, des modèles traditionnels aux versions contemporaines.

Des mannequins de cire représentant des tonneliers et des producteurs de champagne, ainsi que des figures emblématiques telles que Napoléon et Louis Pasteur enrichissent le récit de l'histoire viticole française. À ne pas manquer : la représentation de l'écrivain Honoré de Balzac pénétrant dans les caves via un escalier secret, un stratagème qu'il employait pour échapper aux collecteurs d'impôts. Et pour conclure votre visite, n'oubliez pas de déguster un verre de vin, célébrant ainsi cette expérience unique.

Adresse 5 square Charles-Dickens, 75016 Paris, tél. 01 45 25 63 26, museeduvinparis.com, info@museeduvinparis.com | Transports en commun Métro 6, arrêt Passy ; Bus 32, arrêt Passy-La-Tour ; Bus 72, arrêt Pont-de-Bir-Hakeim | Horaires d'ouverture Du mardi au samedi de 10 h à 18 h | À savoir Il existe 10 vignobles dans Paris, incluant 700 vignes de pinot noir dans le parc Georges-Brassens, 2 place Jacques-Marette.

105 — Le musée Yves Saint Laurent

Les collections d'un couturier emblématique

Le musée Yves Saint Laurent rend hommage aux créations de l'un des couturiers les plus emblématiques du XXᵉ siècle. Yves Saint Laurent fut le seul créateur de sa génération à avoir archivé tout son travail depuis la création de sa maison de couture grâce à la Fondation Pierre Bergé-Yves Saint Laurent. Ainsi, la fondation a réuni depuis les années 60 plus de 7 000 créations de haute couture présentées en alternance au musée.

Ce dernier vous accueille dans le siège historique de la célèbre maison de haute couture d'Yves Saint Laurent, installé dans un hôtel particulier du Second Empire. C'est dans ces lieux qu'il a travaillé pendant près de 30 ans. Son studio constitue le cœur de la visite, véritable centre névralgique du musée, où toutes les créations étaient conçues avec son équipe. Tout a été reconstitué à l'identique, avec le grand miroir d'essayage, ses lunettes posées sur son petit bureau, ses crayons, une photo de Catherine Deneuve, ses dessins qu'il semble avoir crayonnés à l'instant. On a le sentiment qu'il pourrait entrer dans son bureau à tout moment. Le musée présente des croquis faits lorsqu'il n'avait que 15 ans. Une salle est vouée à tout son processus créatif, avec ses croquis, ses ébauches, ses carnets, les détails qu'il y annotait et ses notes… tout le travail indispensable fait en amont de la conception. Ensuite, place aux collections : le musée présente des pièces iconiques de haute couture, dont le smoking pour femme, le trench-coat, la veste safari, la petite robe noire, et bien d'autres robes sublimes.

Une salle dotée d'écrans interactifs invite les visiteurs à suivre la vie du vêtement, de la conception initiale jusqu'à la vente du vêtement. Grâce à ce musée, ces collections sont désormais inaliénables. Yves Saint Laurent a d'ailleurs déclaré : « J'aimerais que dans 100 ans on étudie mes robes, mes dessins. »

Adresse 5 avenue Marceau, 75116 Paris, tél. 01 44 31 64 00, museeyslparis.com, contact@museeyslparis.com | Transports en commun Métro 9, arrêt Alma-Marceau ; Bus 42/63/72/80/92, arrêt Alma-Marceau | Horaires d'ouverture Du mardi au dimanche de 11 h à 18 h (le jeudi jusqu'à 21 h) | À savoir Vous pouvez continuer votre initiation à la mode en allant visiter La Galerie Dior, dans le 8e arrondissement.

106 Le musée Zadkine

Le maître de la taille directe

Il est rare de trouver des artistes désireux d'ouvrir leurs espaces de travail au grand public : c'était pourtant le dernier souhait d'Ossip Zadkine, maître de la taille directe et figure majeure du mouvement artistique d'avant-garde de l'École de Paris. Épris de son bout de jardin, le sculpteur vécut dans cette demeure avec sa femme pendant une quarantaine d'années, ne pouvant s'imaginer vivre autrement que dans ce rapport direct de l'art à la nature. C'est en 1982 que le musée Zadkine ouvrit ses portes grâce au legs consenti par sa veuve, Valentine Prax.

Originaire de Biélorussie, Zadkine a étudié aux Beaux-Arts de Paris au début du XXe siècle. Il y côtoya Picasso, Apollinaire et Modigliani. En 1928, il emménagea dans cet atelier situé près du quartier Montparnasse, où s'installaient alors de nombreux artistes émigrés. Le parcours permet de découvrir le lieu de vie et de création du sculpteur jusqu'en 1967, et montre également la variété de matières qu'il travaillait – bois, pierre, marbre et bronze. La collection du musée est riche de plus de 400 sculptures et d'autant d'œuvres sur papier, gouaches, dessins et photographies documentaires, du primitivisme des premières années au cubisme, puis au lyrisme de la fin de vie. Elles sont disposées dans les salles de la maison, dans l'atelier et dans le jardin.

Son œuvre est colossale, constituée de sculptures saisissantes de force et d'émotion. Parfois massives, ses sculptures n'ont rien de monolithique. Il déclara à leur sujet : « Je cherche à transporter, à transformer le spectateur en créant un objet qui suggère la légèreté, le mouvement. En créant un objet émouvant, propre à remuer l'être humain. » Mais Zadkine, c'est également une immense production graphique, facette un peu moins connue de son travail. Il consacra beaucoup de temps à dessiner et à peindre, toujours en complément de son métier de sculpteur.

Adresse 100 bis rue d'Assas, 75006 Paris, tél. 01 55 42 77 20, www.zadkine.paris.fr, musee.zadkine@paris.fr | Transports en commun RER B, arrêt Port-Royal ; Métro 12, arrêt Notre-Dame-des-Champs ; Métro 4, arrêt Vavin ; Bus 83, arrêt Michelet ; Bus 58, arrêt Guynemer-Vavin | Horaires d'ouverture Du mardi au dimanche de 10 h à 18 h | À savoir Des personnages célèbres ont habité rue Notre-Dame-des-Champs : Victor Hugo au n° 27, le peintre Fernand Léger au n° 86 et le peintre Othon Friesz au n° 73. La façade du n° 82 mérite une halte, tout comme le magnifique immeuble Art déco juste à côté, au 26 rue Vavin.

107 Le Palais Galliera

L'histoire de la mode

Pour les passionnés de mode, le Palais Galliera sera votre sanctuaire. Construit à la fin du XIXe siècle dans le plus pur style Beaux-Arts, il est l'œuvre de l'architecte Paul-René-Léon Ginain. Cette demeure répondait au désir de Marie Brignole-Sale, duchesse de Galliera, d'avoir un palais pour exposer sa collection d'œuvres d'art. Bien que légué à la Ville de Paris en 1894, ce n'est qu'en 1977 que le bâtiment fut consacré entièrement à la mode.

Récemment rénové, le musée de la Mode de la Ville de Paris s'est vu doté de nouvelles galeries, offrant aux visiteurs un parcours consacré à l'histoire de la mode du XVIIIe siècle à nos jours. Sa collection, riche de plus de 250 000 pièces, est constituée de vêtements, d'accessoires, d'affiches, de dessins et de photographies. Dans une scénographie chronologique et thématique, on découvre l'évolution des tendances, illustrée par des pièces extraordinaires qui montrent toute la créativité et le savoir-faire des couturiers. Chaque époque aborde les spécificités et le goût de son temps, des habits d'homme du XVIIIe siècle aux créations d'avant-garde, des corsets du XIXe siècle aux robes de cocktail des années 50, sans oublier des pièces de haute couture de grands noms, tels qu'Yves Saint Laurent, Cristóbal Balenciaga ou Christian Dior.

La première collection de Christian Dior, en 1947, a notamment marqué un tournant dans l'histoire de la mode. Sa silhouette *new look*, aux épaules arrondies, à la taille marquée et aux hanches épanouies par des jupes amples, imposa le retour à une féminité idéalisée qui rompait avec les privations imposées par l'Occupation. Cette année-là s'amorça un nouvel âge d'or de la haute couture et le retour de Paris comme capitale mondiale de la mode. Le Palais Galliera rend hommage à l'histoire de la mode et du chic français sur plusieurs siècles, vivant au rythme de passionnantes expositions temporaires, qu'elles soient monographiques et thématiques.

Adresse 10 avenue Pierre-Ier-de-Serbie, 75116 Paris, tél. 01 56 52 86 00,
www.palaisgalliera.paris.fr | Transports en commun RER C, arrêt Pont-de-l'Alma ; Métro 9,
arrêt Alma-Marceau ou Iéna ; Bus 32/82, arrêt Iéna ; Bus 42/80/92, arrêt Alma-Marceau |
Horaires d'ouverture Du mardi au dimanche de 10 h à 18 h (le jeudi jusqu'à 21 h) | À savoir
Le Palais Galliera organise une visite-promenade pour découvrir le musée Yves Saint
Laurent Paris. En flânant jusqu'à l'avenue Montaigne, on découvre les célèbres maisons de
couture qui y installèrent leurs ateliers au début du XXe siècle.

108 __ Le Palais de Tokyo
L'anti-musée ou l'art en train de se faire

L'année 2022 a célébré les 20 ans du Palais de Tokyo. Dédiés à la scène artistique émergente, ses 22 000 mètres carrés en font non seulement le plus grand centre de création contemporaine en Europe, un espace d'exposition unique en son genre, mais aussi l'une des plus jeunes institutions culturelles. Son public l'est aussi, puisque les 25-35 ans constituent ses premiers visiteurs. Ouvert en soirée, le Palais de Tokyo dénote dans le paysage muséal de la capitale.

Ici, pas de collection permanente, mais des expositions temporaires qui incluent toute la diversité de la création : peinture, sculpture, installations, performances, musique, cinéma, mode, design, mais aussi des disciplines moins exposées, comme la bande dessinée, le graphisme, les jeux vidéo et la science-fiction. Il organise des expositions thématiques et monographiques autour d'artistes émergents et confirmés de France ou de l'étranger. C'est un lieu bouillonnant et novateur, qui offre également des cartes blanches, des conférences et des festivals.

Le Palais de Tokyo, c'est l'anti-musée par excellence, en métamorphose perpétuelle. Il s'affirme comme une force motrice dans la redéfinition de la manière dont nous appréhendons l'art. Mais il ne s'arrête pas là : l'écologie est aussi un élément clé de sa stratégie, tant au niveau des thèmes des expositions que de la manière dont elles sont mises en place. Premier centre d'art à se doter d'une direction de la RSE (responsabilité sociale des entreprises), le Palais de Tokyo a mobilisé un mécénat financier et de compétences qui l'accompagne pour établir le bilan carbone, l'écoconception de ses événements, un bâtiment plus durable, la biodiversité pour les jardins, mais aussi l'inclusion et l'éducation.

Véritable melting-pot artistique, l'institution cherche à décloisonner les pratiques pour donner lieu à de nouvelles formes d'expression au cœur de Paris.

Adresse 13 avenue du Président-Wilson, 75116 Paris, tél. 01 81 69 77 51, www.palaisdetokyo.com | **Transports en commun** RER C, arrêt Pont-de-l'Alma ; Métro 9, arrêt Alma-Marceau ; Bus 72, arrêt Musée-d'Art-Moderne-Palais-de-Tokyo | **Horaires d'ouverture** Du lundi au dimanche, sauf le mardi, de 12 h à 22 h (minuit le jeudi) | **À savoir** Pourquoi ne pas se laisser tenter par un vrai *spot* touristique ? L'esplanade du Trocadéro, le balcon le plus célèbre de Paris, avec le meilleur point de vue sur la tour Eiffel, est une merveille à toute heure du jour et de la nuit.

109 Le pavillon de l'Eau

De l'eau, rien que de l'eau

Le pavillon de l'Eau dépend de la régie Eau de Paris, et a la cote auprès des groupes scolaires. Apprendre d'où vient l'eau distribuée dans la capitale et comment elle est rendue potable est exactement le genre de sortie pédagogique recherché par les éducateurs. Mais en tant que résident, il peut être aussi intéressant de savoir comment se déroule le traitement de l'eau, afin de s'assurer de la qualité de ce qu'on consomme. C'est exactement ce qu'apporte la visite de ce musée.

Le pavillon de l'Eau, installé sur le site d'une ancienne station de pompage datant de 1828, propose une visite permanente retraçant l'histoire et la science de l'eau à Paris depuis le IIe siècle jusqu'à nos jours. Les réseaux d'eau actuels, eux, datent du XIXe siècle et ont été installés lors des grands projets d'ingénierie menés par le baron Haussmann. Eugène Belgrand, le directeur de l'eau et des égouts, a alors imaginé un nouveau système permettant d'acheminer davantage d'eau au sein de la ville, mais aussi de séparer celle destinée à l'usage domestique (bain et consommation) de celle destinée au nettoyage des rues et à l'arrosage.

À l'intérieur du musée, des cartes murales et au sol illustrent les gigantesques réseaux traversant la capitale. On peut presque s'imaginer circuler dans ces tuyaux dans un petit sous-marin. Vous en apprendrez davantage sur les systèmes de traitement et de filtrage pour assurer la pureté de l'eau. De plus, vous saurez où trouver les nombreuses fontaines publiques dans Paris, à commencer par les fontaines Wallace. Il est rassurant de savoir que le traitement de l'eau parisienne est si avancé que boire de l'eau en bouteille relève du choix, et non de la nécessité. Les eaux potable et non potable circulent dans des tuyaux se trouvant dans les tunnels des égouts de la ville. Si vous voulez compléter vos savoirs sur les systèmes d'eau de Paris, rendez-vous également au musée des Égouts.

Adresse 77 avenue de Versailles, 75016 Paris, tél. 01 42 24 54 02, www.eaudeparis.fr/lespace-culture/pavillon-de-leau, pavillondeleau@eaudeparis.fr | **Transports en commun** Métro 10, arrêt Église-d'Auteuil ou Mirabeau ; Bus 22/72, arrêt Wilhem ; Bus 62, arrêt Wilhem-Versailles ; Bus 62/72, arrêt Pont-Mirabeau | **Horaires d'ouverture** Du mardi au jeudi de 11 h à 17 h | **À savoir** Les réservoirs de Passy, construits par Belgrand, ressemblent à une forteresse et servent de bassins de retenue d'eau non potable (rue Lauriston, entre la rue Copernic et la rue Paul-Valéry).

110＿Le Petit Palais
Le musée des Beaux-Arts

Le Petit Palais a été construit pour présenter « l'art français » à l'Exposition universelle de 1900. Il est aujourd'hui devenu le musée des Beaux-Arts de la Ville de Paris, consacré aux œuvres anciennes, de l'Antiquité au XIXᵉ siècle. Le parcours propose une gamme éclectique d'œuvres d'art : peintures, sculptures, mobilier… Malgré la richesse de ses collections, le Petit Palais apparaît avant tout comme un musée du XIXᵉ.

Le parcours dédié à ce siècle montre la montée en puissance du naturalisme, prenant racine dans le réalisme de Gustave Courbet. Ainsi, on y découvre l'audacieux tableau *Le Sommeil*, deux femmes nues enlacées dans un lit. Cette toile impertinente, initialement commandée par un diplomate turc fasciné par la représentation de la femme par Courbet, fit scandale à son époque. Le réalisme trouve un prolongement chez les peintres naturalistes, qui s'attachèrent à montrer la vie urbaine et les milieux populaires de la capitale. La municipalité parisienne soutint ce mouvement par ses achats, comme le démontre le tableau *L'Approvisionnement des Halles*, peint en 1889 par Léon Lhermitte pour l'hôtel de ville. L'œuvre fit sensation au Salon de 1895 et suscita de nombreux commentaires. Certains lui reprochèrent la trivialité du sujet, mais tous soulignèrent la vivacité de la scène et la virtuosité du peintre. En 1904, l'œuvre fut transférée au Petit Palais avant d'être entreposée et roulée dans une réserve jusqu'en 2013.

De son côté, Fernand Pelez décida de se consacrer aux humbles et aux miséreux. Son tableau *La Parade des humbles* propose une vision mélancolique des saltimbanques. Le cirque devient cette fête sans joie : fatigue, tours maintes fois répétés, décor triste. Ces toiles représentent le Paris de Zola – un sujet qui, pendant longtemps, n'intéressa personne. Le Petit Palais a pris le parti de les sortir des réserves et de les remettre en valeur.

Adresse Avenue Winston-Churchill, 75008 Paris, tél. 01 53 43 40 00,
www.petitpalais.paris.fr | Transports en commun Métro 1/13, arrêt Champs-Élysées-
Clemenceau ; Bus 42/73, arrêt Champs-Élysées-Clemenceau ; Bus 72/93, arrêt Grand-
Palais | Horaires d'ouverture Du mardi au dimanche de 10 h à 18 h | À savoir Réservez
votre visite à l'hôtel de la Païva, situé au 25 avenue des Champs-Élysées. Classée monument
historique, cette demeure est un élément rare des arts décoratifs du Second Empire.

111 PHONO Museum Paris
Redonner vie aux phonographes

Apparemment, Thomas Edison et Gustave Eiffel, deux grands inventeurs du XIXe siècle, s'admiraient. C'est l'une des multiples découvertes qui vous attendent au PHONO Museum Paris. En août 1889, Edison se trouvait à Paris pour l'Exposition universelle afin de présenter son phonographe, qui enregistrait puis rejouait des sons par le biais de cylindres de cire. Lors de la manifestation, il monta au sommet de la tour Eiffel, accompagné de membres amérindiens du Wild West Show de Buffalo Bill. Plus tard, Edison présenta son phonographe dans les appartements privés d'Eiffel, situés en haut de la tour. Au musée, vous pourrez voir ce fameux phonographe de 1889, l'autre star de l'Exposition universelle, qui était également connu pour son fonctionnement à l'électricité.

Le musée propose une remarquable collection de phonographes, des tout premiers modèles aux plus évolués, parmi lesquels un phonographe de 1878, qui est le plus ancien exemple d'une machine enregistrant le son sur des feuilles d'aluminium pour une seule lecture. Le musée possède également de rares modèles des années 1880 conçus par Alexander Graham Bell, des modèles d'Edison ou des machines d'Emile Berliner, le créateur du gramophone qui initia le remplacement des rouleaux de cire par des disques plats. L'histoire de Victor Records est racontée à l'aide d'une série de phonographes et d'une peinture de son célèbre chien.

L'innovation française est aussi représentée, avec des phonographes des frères Pathé, dont un modèle réalisé pour un dance-hall et décoré d'un magnifique coffre Art nouveau.

Le personnel de PHONO Museum Paris vous apportera des anecdotes sur chaque phonographe et, mieux encore, pourra vous jouer quelques notes sur presque tous les modèles exposés. Comme le dit si bien Jalal Aro, le fondateur du musée : « Les machines les plus extraordinaires sont celles que l'on peut faire fonctionner à nouveau. »

Adresse 53 boulevard de Rochechouart, 75009 Paris, tél. 01 80 61 59 37, phonomuseum.fr,
phonomp@gmail.com | Transports en commun Métro 2, arrêt Anvers ; Métro 12, arrêt
Pigalle ; Bus 54, arrêt Rochechouart-Martyrs | Horaires d'ouverture Le vendredi et le
dimanche de 10 h à 18 h, du lundi au jeudi et le samedi de 9 h à 18 h sur rendez-vous |
À savoir En haut de la tour Eiffel, vous pouvez jeter un œil par la fenêtre de l'appartement
secret de son créateur et observer des reproductions d'Eiffel et d'Edison, ainsi que son
phonographe original.

Anne Carminati incarne l'essence même de la liberté d'esprit, sans frontières ni préjugés, animée par une volonté incessante d'écouter, d'explorer et de créer. D'origine française, Anne a toujours été passionnée par l'art et le design, ce qui l'a menée à étudier dans des écoles d'art à Paris et à New York. Fondatrice de Maison Anne Carminati, une marque de linge de maison et d'accessoires haut de gamme, elle fusionne son amour pour les traditions et les cultures avec les courants avant-gardistes de l'art pour insuffler énergie, créativité et perspectives novatrices à ses créations.

James Wesolowski est tombé amoureux de Paris dès sa première visite de la ville. Après l'université, il a vécu et travaillé dans le monde entier, avant de s'installer à New York. Il dirige une entreprise de conseil en technologie. James partage son temps entre New York et Paris, où il nourrit son intérêt pour les musées, pour la photographie et pour le vin et la cuisine française. Son rêve est d'étudier la restauration d'art afin de pouvoir travailler sur les peintures d'une des nombreuses petites églises de Paris.

Je souhaite exprimer ma sincère gratitude à James Wesolowski, mon coauteur aussi amusant qu'encourageant. Un grand merci à Karen Seiger, mon éditrice, pour m'avoir offert cette merveilleuse opportunité de participer à ce projet. Cette aventure a été une occasion de nourrir ma passion et le partage de découvertes inattendues ensemble fut un réel plaisir. Mes remerciements les plus chaleureux vont à mes filles, Olivia et Julianne, dont la curiosité et la joie de vivre ont insufflé à mon écriture un sens de l'enthousiasme et de l'émerveillement pour lesquels je leur serai éternellement reconnaissante. Un immense merci s'adresse aux conservateurs, aux guides et au personnel des musées pour leur savoir impressionnant et leur disponibilité face à mes nombreuses questions. Leurs récits et perspectives m'ont permis de découvrir leurs collections sous un angle nouveau. Leur engagement et leur passion sont essentiels à la préservation et à la valorisation du patrimoine culturel français.

Anne Carminati

Je dédie toute ma tendresse à mon incroyable épouse Karen, qui soutient avec enthousiasme tous mes projets et qui fait de chaque journée la plus belle de ma vie. Je porte une infinie gratitude envers ma merveilleuse coautrice Anne Carminati, qui a si gentiment accepté de travailler à mes côtés sur ce projet et qui s'est chargée avec entrain des sujets plus sérieux, relevant des Beaux-Arts, afin que je puisse traiter des sujets réunissant ma passion pour l'histoire et pour les musées inhabituels. Un grand merci à mes chers amis et amateurs de musées, Michèle Marchadier et Yves Demars, avec lesquels Karen et moi avons visité tant d'endroits incroyables en France ces 15 dernières années. Je remercie tous les musées ayant accepté de participer à ce guide, et toutes les personnes que j'ai rencontrées – accueillantes et généreuses –, pour leur temps et leur expertise. Grâce à vous tous, nous avons pu créer une sélection exceptionnelle de musées dans cette ville magnifique qu'est Paris.

James Wesolowski

Sybil Canac, Renée Grimaud,
Katia Thomas
**111 Lieux à Paris
à ne pas manquer**
ISBN 978-3-7408-0697-2

Irène Lassus-Fuchs
**111 Goûts à Paris
à ne pas manquer**
ISBN 978-3-7408-0713-9

Kay Walter
**111 Bâtiments à Paris
qui ont une histoire**
ISBN 978-3-7408-1025-2

Irène Lassus-Fuchs
**22 Balades à Paris
à ne pas manquer**
ISBN 978-3-7408-1490-8

Nathalie Zaouati
**111 Lieux autour de Paris
à ne pas manquer**
ISBN 978-3-7408-1408-3

Florence Hocheder
**111 Lieux en Seine-et-Marne
à ne pas manquer**
ISBN 978-3-7408-1050-4

Jean-Christophe Collet
**111 Lieux à Rennes
à ne pas manquer**
ISBN 978-3-7408-1021-4

Jean-Christophe Collet
**111 Lieux à Saint-Malo
à ne pas manquer**
ISBN 978-3-7408-1571-4

Jean-Claude Belfiore
**111 Lieux à Nantes
à ne pas manquer**
ISBN 978-3-7408-1052-8

Lucie Spileers
111 Lieux à Lille
à ne pas manquer
ISBN 978-3-7408-1228-7

Thibaut Bernardin
111 Lieux à Strasbourg
à ne pas manquer
ISBN 978-3-7408-1022-1

Isabelle Debuchy
111 Lieux à Nancy
à ne pas manquer
ISBN 978-3-7408-1417-5

Souhila Rahmi
111 Lieux à Grenoble
à ne pas manquer
ISBN 978-3-7408-1483-0

Dominique Milherou
111 Lieux à Marseille
à ne pas manquer
ISBN 978-3-7408-1968-2

Anne Lombardo
111 Lieux à Nice
à ne pas manquer
ISBN 978-3-7408-1883-8

Fleur Borde
111 Lieux à Bordeaux
à ne pas manquer
ISBN 978-3-7408-1290-4

Hilke Mauder
111 Lieux à Toulouse
à ne pas manquer
ISBN 978-3-7408-1055-9

Pauline Salembier
111 Lieux à Montpellier
à ne pas manquer
ISBN 978-3-7408-1292-8

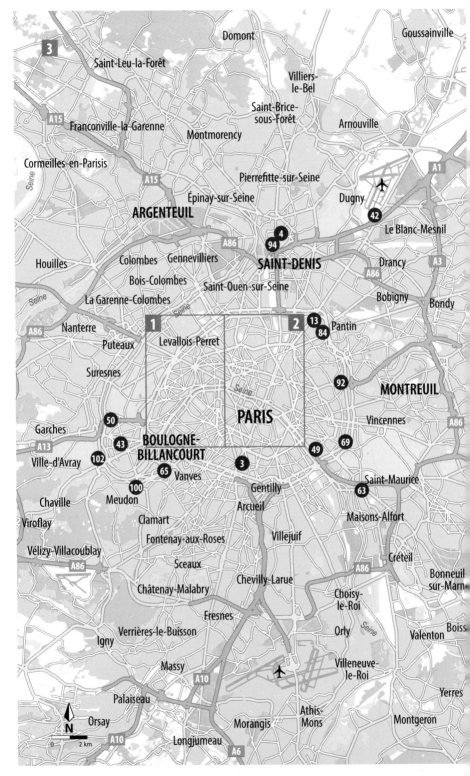